U0524453

好一个宋朝

吴钩说宋朝

吴钩 —— 著

图书在版编目（CIP）数据

好一个宋朝 / 吴钩著. —— 北京：北京联合出版公司，2022.9（2023.7重印）

ISBN 978-7-5596-6407-5

Ⅰ.①好… Ⅱ.①吴… Ⅲ.①中国历史—宋代—通俗 Ⅳ.① K244.09

中国版本图书馆 CIP 数据核字（2022）第 134136 号

好一个宋朝

作　　者：吴　钩
出 品 人：赵红仕
责任编辑：牛炜征

北京联合出版公司出版
（北京市西城区德外大街 83 号楼 9 层　100088）
雅迪云印（天津）科技有限公司　新华书店经销
字数 188 千字　880 毫米 ×1230 毫米　1/32　印张 10.25
2022 年 9 月第 1 版　2023 年 7 月第 3 次印刷
ISBN 978-7-5596-6407-5
定价：68.00 元

版权所有，侵权必究
未经许可，不得以任何方式复制或抄袭本书部分或全部内容
本书若有质量问题，请与本公司图书销售中心联系调换。电话：（010）82069336

自序
我为什么粉宋朝

1

很多朋友都叫我"宋粉",因为他们看到我经常写文章或发微博"吹捧"宋朝。我只好在此澄清:"我是'宋粉',宋慧乔的粉。"的确,宋慧乔是最吸引我的韩国女明星。没有之一。

其实我想说的是,与其说我是"宋粉",不如说我是"文明粉"。我不是"粉"宋朝这个王朝,而是"粉"宋王朝表现出来的文明成就。如果汉朝、唐朝或者明朝、清朝也有同样的文明成就,我也可以成为一名"汉粉""唐粉",或者"明粉""清粉"。

什么叫文明成就?我觉得文明成就不是指疆土特别辽阔,不是耀兵异域扬我国威,不是万邦来朝。我心目中的文明成就是指政治开明一些，社会宽松一些，经济繁荣一些，生活富庶一些。

若论武功上的表现，两宋可能远不如汉唐，甚至不及明清。"人们往往一提到汉朝、唐朝，就褒就捧——盛世治世；一讲到宋代，就贬就抑——积贫积弱。"这是宋史学家张邦炜先生的感叹。我心有戚戚焉。

但是，如果用我前面提到的那些文明成就去衡量中国历史上的各朝各代，你也许就会发现，一直被贬低的宋王朝，无疑是文明成就最高的一个王朝，也没有之一。

2

且听我一一道来。

历史上不少王朝在立国之初都搞过恐怖政治，借以威慑臣民，而赵宋立国，宋太祖却在宗庙立下誓约，告诫子孙不得诛杀上书言事之人。在这个誓约的约束下，宋王朝的文臣及至庶民议论国政时哪怕出言不逊，也不会担心被砍头。所以，年轻气盛的苏辙在科举考试的策论中，才敢批评宋仁宗好色，他说："宫中贵妃已至千数，歌舞饮酒，欢乐失节。"而宋仁宗阅卷后，不知是不是很生气，但他不能将苏辙抓起来治罪，还得承认苏辙说得好，并授予他官职。

两宋三百余年，确实极少有士大夫因为上书言事、发表议论而被朝廷羞辱、杀戮。要知道，明清时期，受文字狱牵连而被皇帝砍脑袋的人可是数以万计的。

我再举个例子。宋仁宗时，四川有个老秀才，给成都太守献诗一首，诗中说："把断剑门烧栈道，西川别是一乾坤。"意思是说，咱们派兵守住剑门关，再把通往四川的栈道烧了，就可以将四川变成一个独立王国。这是赤裸裸地鼓动四川割据独立嘛。成都太守一听，这还了得？立即将那老秀才抓起来，将案子报到朝廷。宋仁宗说，这是老秀才故作惊人语，说大话吸引眼球罢了。不必为难他，将他放了，找个小地方给他个小官当当。这件事要是发生在朱元璋在位时期，或者发生在所谓的"康乾盛世"，那个老秀才必定是要被诛九族了。不得不承认，宋朝的政治氛围确实比其他王朝更开明一些。

3

宋朝的社会制度也比其他朝代更开明、开放。一个生活在宋代的人，在法律上没有贵贱之分，允许自由迁徙，出远门不需要带通行证、介绍信。如果他要是生活在汉代、唐代、元代、明代，想出趟远门都得在户口所在地开具一张介绍信，否则，过关时会被抓起来。

宋朝人结社也很自由,演杂剧的有"绯绿社",蹴球的有"齐云社",唱曲的有"遏云社",喜欢相扑的有"角抵社",喜欢射弩的有"锦标社",喜欢文身花绣的有"锦体社",喜欢舞棒弄棍的有"英略社",说书的有"雄辩社",表演

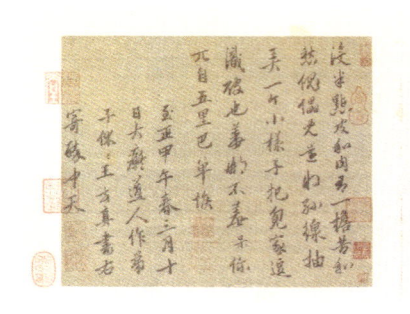

南宋李嵩绘制的《骷髅幻戏图》

皮影戏的有"绘革社",剃头的师傅有"净发社",变戏法的有"云机社",热爱慈善的有"放生会",写诗的有"诗社",甚至好赌的也可以加入"穷富赌钱社"……各种社应有尽有,只要你能拉到几位同好,就可以结成一个"社"。

1831年,法国人托克维尔到美国访问,待了大半年。他发现,在美国不仅有人人都可以组织的工商团体,还有其他成千上万的各种团体。既有宗教团体,又有道德团体;既有十分认真的团体,又有非常无聊的团体;既有非常一般的团体,又有非常特殊的团体;既有规模庞大的团体,又有规模

甚小的团体。如果托克维尔有机会在12世纪到13世纪访问中国，他一定会发现宋人的结社也丰富得足以让人瞠目结舌。

4

宋朝经济之繁荣恐怕连网上的"宋黑"都不敢公然否认。世界上第一张纸币诞生在宋朝；11世纪至13世纪的宋钱，是风靡东南亚的硬通货；在宋朝的大城市，出现了类似于有价证券交易中心的"交引铺"；宋朝的城市人口大约占总人口的20%，南宋时达到大约22.4%，而1957年时这个数据只有15.4%；宋朝的非农业税比例最高时接近85%，农业税变得微不足道，这是中国历史上绝无仅有的事情。

现在人们都在热议的"一带一路"，其中"海上丝绸之路"最繁华的时间段就是宋元时期。在本书《中国人的海神》一节中，我会比较详细地介绍宋代的海外贸易盛况：当时整个宋朝的海岸线，北至胶州湾，中经杭州湾和福州、漳州、泉州金三角，南至广州湾，再到琼州海峡，都对外开放，与西洋、南洋诸国发展商贸。许多人夸耀的"郑和下西洋"，其实只是朱明王朝耀兵异域之举罢了，跟发展商贸没什么关系。

而凭着遥遥领先世界的造船技术、指南针与丰富的航海经验，宋朝的海商将商船开至南洋群岛，穿过马六甲海峡，驶入孟加拉湾，然后进入印度洋。又经印度洋进入阿拉伯海与波斯湾，再沿着阿拉伯半岛海岸进入红海。原来由阿拉伯商人控制航线的印度洋，在11至13世纪时，已成了大宋商船的天下。

5

经济上的繁荣，当然让宋朝老百姓的日子过得相对富足一些。宋朝的富庶，宋人自己也感受到了。宋真宗时的宰相王旦说："京城资产，百万（贯）者至多，十万而上，比比皆是。"往汴京的大街上随便扔一块石头，便能砸到一个腰缠十万贯的土豪。

我们不妨将宋朝人的生活水平跟其他朝代比较一下。汉代史书必大书一笔的富翁，如果放到宋朝，不过是一个不足为道的中产而已；而宋朝一户中产之家的财产，则是汉朝中产之家家产的10倍乃至30倍。

唐朝诗人爱炫富，有个叫韦楚老的唐朝诗人写了一首炫富的诗，诗中提到："十幅红绡围夜玉。"但宋朝的沈括却嘲笑他没见过世面："十幅红绡为帐，方不及四五尺，不知如何伸脚？此所谓不曾近富儿家。"沈括的结论是："唐人作富贵诗，多记其奉养器服之盛，乃贫眼所惊耳。"

后来的明朝人,则对宋人的富足生活有些"羡慕嫉妒恨"。一个叫郎瑛的明朝学者感慨说:"今读(宋朝人的)《梦华录》《梦粱录》《武林旧事》,则宋之富盛,过今远矣。今天下一统,赋税尤繁,又无岁币之事,何一邑之间,千金之家,不过一二?"

此外,宋朝人也比较会享受生活。在今天,一名城市小资心仪的有品位的生活是怎样的?大概就是这个样子:养一条宠物狗,经常去影院看电影,到星巴克喝咖啡,下班后买束鲜花带回家,隔段时间就出去旅游一趟。宋朝小市民的生活也差不多如此。他们养宠物,家里插鲜花,喜欢游山玩水逛公园,上茶坊品茶,到瓦舍勾栏看表演,追求美食,家中常备饮料,每日沐浴(要知道,那时候的欧洲人几乎是不洗澡的),使用牙刷与牙粉清洁牙齿。

6

宋朝表现出来的这些文明成就,让我特别有亲切感,所以我才会不厌其烦地写文章、发微博介绍宋朝文明。偶尔有学校与微信群邀请我去做讲座,我也是趁机将宋朝历史拿出来"吹嘘"。说得多了,便博来了"宋粉"的称号。

自打被称为"宋粉"之后,我跟其他朝代粉也有了一些争吵。但是，正如我"粉宋朝"是出于"粉文明"的缘故，我与其他朝代粉争吵，也是为了反对我认为"不文明"的历史现象。比如一些自由主义者礼赞大唐，说大唐自由开放之类的，我便会忍不住提醒他：如果你穿越到唐朝，小心托生在贱民之家。在唐朝贱民是主家的私有财产，可以牵到市场买卖。而这个制度，到了宋代就逐渐瓦解了。

还有一些"明粉"经常跑来责问我：大宋、大明都是汉人王朝，你为什么总是黑我大明？"明粉"中有许多"皇汉"，而"皇汉"的逻辑是我永远都不懂的。我"黑"明朝跟它是不是汉人王朝毫无关系，只是很看不惯朱元璋建立的那套显得很野蛮的制度而已。比如他将农民的活动范围限制在一里之内，任何人离乡百里，都要先向官方申请介绍信。

有杂志给我的本家吴晓波先生发问卷：如果你能穿越，最想回到哪个朝代？吴先生想了一下说："宋朝吧。"如果要穿越，宋朝确实是首选。不过，我这个"宋粉"其实并不想穿越到宋朝，我还是很享受今天的现代文明的。但我会继续不遗余力地"鼓吹"大宋文明，因为我认为，一千年前宋朝人建立的文明成就，是祖宗留下的一笔珍贵遗产，不应该被今人遗忘。

目录

自序　我为什么粉宋朝 /1

宋词故事

一个盛产"怕老婆"故事的时代 /003

一场艳遇引出一首小词，一首小词引出一桩姻缘 /009

苏东坡与王弗的初恋 /016

严蕊有没有受到朱熹的迫害 /021

皇帝吃起醋来会怎样 /027

一位被命运捉弄的女词人 /033

张孝祥写诗撩妹子，反为他人做嫁衣 /038

一曲钗头凤，半生相思苦 /042

一首艳词惹出一场丑闻 /048

辛弃疾：剽悍的人生不需要解释 /054

奉旨填词柳三变 /059

宋人过节

回到宋朝过春节 /067

宋朝人的"春晚" /077

元宵是宋人的狂欢节 /084

拟一份大宋"元宵联欢晚会"节目单 /099

清明其实是一个欢快的节日 /109

七夕不是情人节 /115

1000年前的人怎样过中秋节 /121

宋人也有"黄金周" /125

日常生活

假如穿越到宋朝,一天可以怎么过 /135

跟着宋人去旅游 /155

宋朝旅店的BBS /168

舌尖上的宋朝 /174

饮茶是生活方式,斗茶是社会时尚 /182

宋朝的"深夜食堂"会发生哪些暖心的故事 /188

宋人不爱吃狗肉 /194

宋朝皇帝的御膳 /199

"武大郎"们的生活水平到底如何 /208

宋朝女子示爱,很奔放 /217

商业社会

宋朝的广告与商标 /229

看苏轼与名妓当广告代言人 /236

运河上的宋朝 /242

从广州港起航的大宋商船 /254

中国人的海神 /260

宋钱遍天下 /267

宋朝人用的钞票是什么样子的 /279

宋朝的房地产市场有多火 /284

附录1　假如一千年前有诺贝尔奖 /295

附录2　想象大宋奥运会 /301

后记 /311

宋词故事

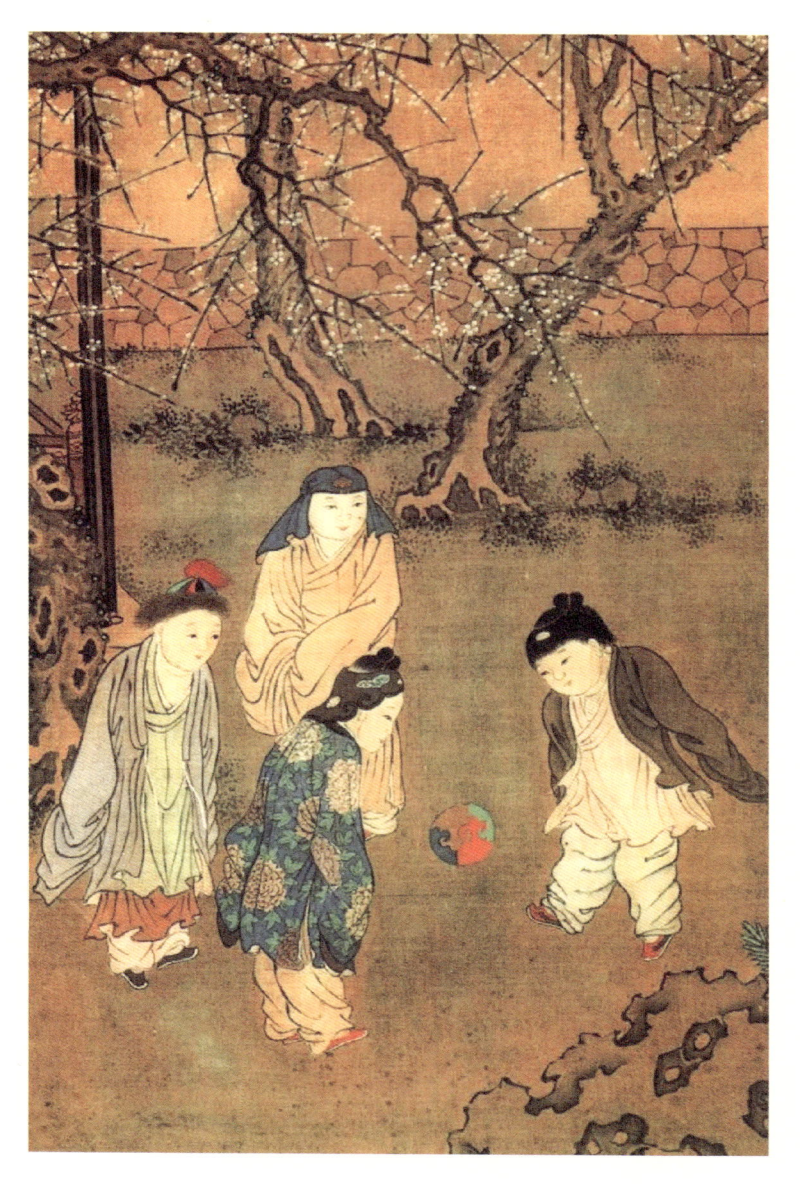

《长春百子图卷》中的蹴鞠

一个盛产"怕老婆"故事的时代

百宜娇

看垂杨连苑,杜若侵沙,
愁损未归眼。
信马青楼去,
重帘下,娉婷人妙飞燕。
翠尊共款。
听艳歌、郎意先感。
便携手、月地云阶里,
爱良夜微暖。

无限。风流疏散。
有暗藏弓履,偷寄香翰。
明日闻津鼓,

> 湘江上，催人还解春缆。
> 乱红万点。
> 怅断魂、烟水遥远。
> 又争似相携，
> 乘一舸、镇长见。

此词作者姜夔（约1155—约1221年），号白石道人，南宋著名词人。他的词作可谓宋词发展至极雅致境界的代表作品。宋人黄昇在《中兴以来绝妙词选》中评价他说："白石道人，中兴诗家名流，词极精妙。"清人刘熙载《艺概》评价他说："姜白石词幽韵冷香，令人挹之无尽。拟诸形容，在乐则琴，在花则梅也。"不过他的这首《百宜娇》却是一首"戏词"，是他写来戏弄一位叫张仲远的朋友的，所以此词又有一个题目，叫《眉妩·戏张仲远》。

张仲远，生平不详，吴兴人，跟姜夔交情极好。淳熙十六年（1189年）春，三十四岁的姜夔外出游历、访友，来到吴兴，宿于张仲远家。恰好当时张仲远不在家，是其妻子接待了远道而来的姜夔。

张仲远的妻子是出了名的"醋坛子"，因丈夫时常外出，张妻担心他在外头拈花惹草，每有客人投刺拜访，必再三盘问丈夫："此人跟你是什么关系？你是不是经常和他在外面花天酒地？"张仲远是出了名的"惧内"，被夫人盘查起来，只能唯唯诺诺的，拼命解释。

姜夔早就听说了张仲远夫妇的故事，看到张仲远不在家，突然就生出了"恶作剧"心理，想戏弄他一番。当天便写下了这首《百宜娇》。《百宜娇》词牌又名《眉妩》，据传出自西汉京兆尹张敞为妻子画眉的典故。总之，这一词牌透出一股暧昧的气息。而姜夔此词的内容，就更加暧昧了。全词以一名妙龄女子的口吻，讲述她与情郎如何"翠尊共款"、对酒当歌，又如何携手共度良夜，次日在码头依依惜别。少女对情郎十分思念，希望来日相见，从此不再分离。

姜夔将这首《百宜娇》抄在一张粉红色的信笺上，丢在张仲远家里，然后告辞，去拜访另一位朋友俞商卿，共同到北山沈氏圃寻梅。

再说张仲远妻子见了那封抄写《百宜娇》的信笺，不知是姜夔故意留下的，还以为是她丈夫的哪一个红颜知己写的情书，果然醋意大发，怒不可遏。待到张仲远回家，妻子将一纸《百宜娇》掷到丈夫脸上："坦白交代，这到底是哪一个狐狸精写给你的艳词？"

张仲远一脸茫然，哪里解释得清楚？张妻这下更是认定丈夫必是心里有鬼，所以才百口莫辩。她立即大展"雌威"，出手就去抓老公的脸皮。张仲远不敢反抗，结果脸被抓花了，好长一段时间都不敢外出见人。

姜夔这个玩笑可是开大了。

其实，在宋代，像张仲远这样的"妻管严"大有人在。在波澜壮阔的中国"惧内史"上，宋人至少贡献了三个著名的典故："河东狮""胭脂虎"与"补阙灯檠"。姜夔要是都写词相戏弄，恐怕会忙不过来。

"河东狮"是指北宋名士陈季常的妻子柳氏。陈季常居于黄州之岐亭，自称"龙丘先生"，家里来了客人，他常以美酒相待，叫来声妓歌舞助兴。但陈季常的妻子柳氏时常因此醋意大发，当着众宾客的面，对丈夫大吼大叫。因此陈季常对妻子很是惧怕。朋友苏轼为此写了一首诗送给他，诗中说："龙丘居士亦可怜，谈空说有夜不眠。忽闻河东狮子吼，拄杖落手心茫然。"因柳氏为河东人，苏轼便将她比喻为"河东狮子"；也有人说苏轼是借"河东先生"（柳宗元）指代陈妻柳氏。总之，经苏大学士的妙笔，一个形容悍妻的成语"河东狮吼"便从此传开了。

"胭脂虎"的故事出自北宋陶穀的《清异录》："朱氏女沉惨狡妬，嫁为陆慎言妻。慎言宰尉氏，政不在己，吏民语曰胭脂虎。"尉氏县知县陆慎言的妻子朱氏很是"狡妒"，陆慎言对她言听计从，就连县里的政事都要由老婆定夺，当地吏民都称朱氏为"胭脂虎"。后来，人们便常用"胭脂虎"来形容悍妇。

"补阙灯檠"的故事说的是，冀州有一名儒生，叫作"李大壮"，别看他名字中有"大"又有"壮"，好像很威风，

环翠堂新编出像《狮吼记》

其实非常怕老婆,"畏服小君(妻子),万一不遵号令,则叱令正坐",然后老婆在他头顶放上一只灯碗,点燃灯火,大壮只能乖乖地接受老婆大人的体罚,"屏气定体,如枯木土偶"。时人戏谑地称他为"补阙灯檠"。

宋人惧内,恐怕不是个别情况,而是比较普遍的现象,要不然,北宋文人曾巩也不会大发感慨。他说古代的女子都能安分守己,宋朝却不然。时常是丈夫屈从于妻子,一言不合妻子就大发雷霆,而当丈夫的却不敢责备妻子。显然,曾巩对"怕老婆"这一社会现象很是看不惯。

不过,按胡适的说法,"一个国家,怕老婆的故事多,则容易民主;反之则否"。惧内似乎是社会文明的体现。胡适的戏言不可当真,但宋人惧内成为一种现象,确实从一个侧面说明了宋代女性并不像今日文艺作品里所描述的那样低三下四。事实恰恰相反,宋代女子拥有独立的财产权,法律也未禁止妇人改嫁,妻子甚至还可以主动提出离婚。由此可见,宋朝女性的社会地位并不低下。

一场艳遇引出一首小词,一首小词引出一桩姻缘

鹧鸪天

画毂雕鞍狭路逢,
一声肠断绣帘中。
身无彩凤双飞翼,
心有灵犀一点通。

金作屋,玉为笼,
车如流水马如龙。
刘郎已恨蓬山远,
更隔蓬山几万重。

这首小词的作者叫宋祁(998—1061年),是北宋著名的大才子,与兄长宋庠俱以文学名擅天下,时人称"二宋"。

天圣二年（1024年），宋氏兄弟同年进士及第。殿试之时，小宋文采更胜大宋，因此礼部原拟宋祁为状元，宋庠为第三名。但垂帘听政的刘太后认为，弟弟应该让兄长一头。便将宋庠擢为第一，而置宋祁于第十。不过坊间还是将宋祁视为状元，以"兄弟双状元"相誉之。

宋庠、宋祁虽是同胞兄弟，性格却大不相同。宋庠老成持重，"俭约，不好声色，读书至老不倦"；宋祁却风流潇洒，很会享受生活，常与宾客举办文艺沙龙，"会饮于广厦中，外设重幕，内列宝炬，歌舞相继，坐客忘疲，但觉漏长，启幕视之，已是二昼"。不知不觉，一夜就过去了。小宋还给他们的文艺沙龙起了个名字，叫"不晓天"。他与欧阳修合作修《唐书》，伏案疾书时也极讲究享受，"垂帘燃二椽烛，媵婢夹侍，和墨伸纸，远近皆知为尚书修《唐书》，望之如神仙焉"。

相传有一年元宵节，宋庠在书院内秉烛读《周易》，听说宋祁点华灯，拥歌妓，醉饮达旦，不由得一皱眉。次日，宋庠便托人给弟弟递话："相公寄语学士：闻昨夜烧灯夜宴，穷极奢侈，不知记得那年上元，同在州学吃齑煮饭否？"当时宋庠为参知政事，相当于副宰相；宋祁为翰林学士，所以才说"相公寄语学士"。宋庠问宋祁：兄弟，你还记得咱们未发达之时，待在州学内就着咸菜喝稀粥的苦日子吗？这是在提醒弟弟，做人不可忘本、贪图享受；要忆苦思甜，懂得珍惜今天的幸福生活。

但宋祁给哥哥的回复，却让宋庠一时无语："寄语相公：不知某年吃齑煮饭是为甚底？"当初我们就着咸菜喝稀粥，发奋读书，为的是什么？不就是为了过上今日这种舒服的生活吗？

对于兄长的告诫，宋祁颇不以为然。但有一回，他却被一名老农教训得心服口服。话说某年孟冬，京郊田园一片丰收景象。宋祁带了随从、乘着马车，来到郊野视察，见到田野里稻谷堆积如山，丰收的农民欣然自得，面无感恩之色。

宋祁便上前向一位老农作了一揖，慰劳说："老丈辛苦了！今年看来收成不错啊。感谢老天爷眷顾，感谢天子洪福，让子民共沾雨露。"

老农看了宋祁一眼，笑得前俯后仰，说道："何言之鄙也！子未知农事矣。"阁下这话何其鄙陋！一听就知道对农事是七窍通了六窍——一窍不通。

宋祁赶紧请教。老农说："我依时劳作，在春气萌动的时候犁地、播种、浇灌、除草；在冬天万物蛰伏时养精蓄锐。我又整治土地，爱惜地力。今日每一粒稻米的收获，都得自我每日辛勤的劳动，怎么成了老天爷眷顾？我自食其力，依法纳税，官府不能剥夺我劳动的权利，也不可以抢走我税后的余粮。今日的收成与欢乐，都是我应该享有的，哪里是皇帝的恩赐？我年岁已高，吃过的盐多过你吃过的米，走过的桥多过你走过的路，从未听说过自己不劳作而等老天爷保佑、自己不努力而靠皇帝恩赐的道理。"

老农说完，丢下宋祁，扬长而去。

宋祁回到家，将老农的话老老实实地记录下来，写成《录田父语》。随从问他："先生为什么对那个山野老农这么客气？分明是我们有道理，他说得没道理，应该回去找他辩论。"宋祁说："不可！老丈说得很好。"

这件逸事，显示出了宋祁的见识与胸襟，非一般俗吏可比。至于小宋的文学才情，更是没的说了。他写过一首《玉楼春·春景》，其中一句"红杏枝头春意闹"，非常惊艳，坊间万人传诵，宋祁也因此获得了一个雅号："红杏枝头春意闹尚书"（宋祁官至工部尚书），简称"红杏尚书"。

《鹧鸪天》是宋祁另一首传世的佳构。此词中，"身无彩凤双飞翼，心有灵犀一点通"二句，一字不改地引用了唐代诗人李商隐的《无题》诗；"车如流水马如龙"这一句，则是集自南唐词人李煜的《望江南》词；"刘郎已恨蓬山远，更隔蓬山几万重"也是化用了李商隐《无题》诗的"刘郎已恨蓬山远，更隔蓬山一万重"。在古典诗词创作中，这不叫抄袭，而是集句。至高境界的集句，要做到妙合无痕，浑然天成，一如己出。

说起来，宋祁的这首《鹧鸪天》，还藏着一个有趣的故事。话说有一天，宋祁路过汴京繁台街，恰好遇见几辆马车驶过，原来是大内的嫔妃、宫女出来行街。宋祁来不及回避,只得站到街边。却见其中一辆马车掀开了帘子,一位丽人探出头来,对着宋祁轻轻唤道:"小宋。"宋祁惊讶不已,一时看呆了。等恍过神来,车队已经远去,丽人消失于茫茫人海。

宋祁怅然若失,回家便写下了这首《鹧鸪天》。他用"画毂雕鞍狭路逢,一声肠断绣帘中"描述自己与深宫丽人街头邂逅的情景,借用"身无彩凤双飞翼,心有灵犀一点通"暗示这一次偶遇生出来的微妙情愫。最后借"刘郎已恨蓬山远,更隔蓬山几万重"表达了对这场注定要无疾而终的邂逅的失落与无望。

你想啊,对方可是深宫之内的女子,"侯门一入深如海,从此萧郎是路人",怎么可能跟他宋祁有结果呢?

但事情尚未结束。

宋祁为街头偶遇的宫女写了一首《鹧鸪天》的故事,很快在京城流传开来,还传入了宫禁,连宋仁宗都听说了。

仁宗皇帝便问宫人:"那天是何人呼小宋?"一名宫女说:"是我叫的小宋。以前曾在内宴见过翰林学士宋先生,左右内臣都叫他小宋。那天恰好在路上遇见了,便向他打声招呼。"

仁宗心里有数了。他又叫来宋祁,不动声色地说:"听说宋学士写了一首《鹧鸪天》,其中有一句是'刘郎已恨蓬山远,更隔蓬山几万重'?"

宋祁一听，大惊失色，心道："这下完了。"

仁宗笑道："其实，蓬山也不远。"当下，他将那位宫女许配给了宋祁。这正是一场艳遇引出一首小词，一首小词引出一桩姻缘。

清初的大文人王士祯，对宋祁的艳遇非常羡慕："蓬山不远，小宋何幸，得此奇遇……此老一生享用，令人妒煞。"但是再"羡慕嫉妒恨"也没有用。首先，你得有小宋那样的才情。更重要的是，世间得有像宋仁宗那样开明、有人情味的君主。

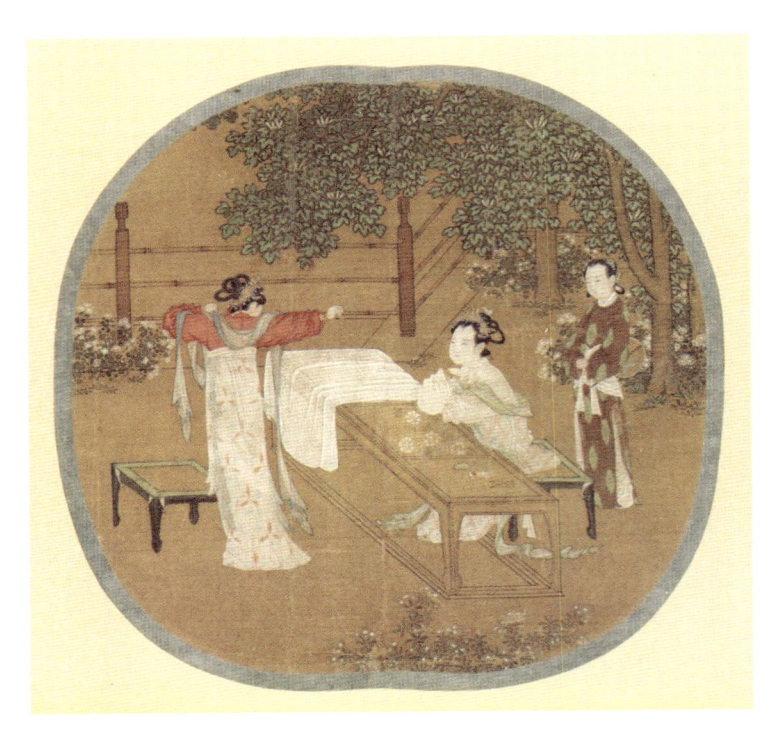

南宋刘松年绘制的《宫女图》

苏东坡与王弗的初恋

江城子·乙卯正月二十日夜记梦

十年生死两茫茫,
不思量,自难忘。
千里孤坟,
无处话凄凉。
纵使相逢应不识,
尘满面,鬓如霜。

夜来幽梦忽还乡,
小轩窗,正梳妆。
相顾无言,
惟有泪千行。
料得年年肠断处,

明月夜，短松冈。

　　这是苏轼的一首悼亡词，悼念的是他的亡妻王弗。王弗十六岁时，嫁给十九岁的苏轼，婚后夫妻琴瑟相和。王弗聪慧，苏轼自述说："其始，未尝自言其知书也。见轼读书，则终日不去，亦不知其能通也。其后轼有所忘，君辄能记之。问其他书，则皆略知之。由是始知其敏而静也。"

　　同时，王弗也是苏轼的贤内助。苏轼当官后，那些拜访他的客人，或贤或不肖，王弗听其谈吐便能准确判断。苏轼回忆说："轼与客言于外，君立屏间听之，退必反复其言，曰：'某人也，言辄持两端，惟子意之所向，子何用与是人言。'有来求与轼亲厚甚者，君曰：'恐不能久。其与人锐，其去人必速。'已而果然。"

　　可惜红颜薄命，治平二年（1065年）五月，只有二十七岁的王弗病逝于京师。十年后，熙宁八年（1075年）正月，苏轼梦见了妻子，醒来后无法忘怀，便写下了这首哀伤的小词。

　　苏轼在词中流露出来的对亡妻的思念之情，即便我们今天读来，仍然为之动容。后世文人大概也是为苏轼与王弗的夫妇情深所感动，还给他们编排了一个初恋的故事。这个故事是这么说的：

　　位于岷江之滨的青神县，有一座书院，执教的先生是乡贡进士王方。年轻的苏轼在此读书。书院旁边有绿潭，水自岩穴出，流入潭内。一日苏轼站在潭边说："好水岂能无鱼？"抚掌三声，见岩穴中群鱼游出。苏轼大喜，对老师说："美景当有美名。"王方便邀请当地文人拟名，但众人题写的名字都落入俗套。最后，苏轼说出了他的题名——"唤鱼池"，令王方拍案叫绝（我实在想不出这名字有什么绝妙之处，可见编这个故事的人文化水平有限）。这时，王方之女王弗也叫丫鬟送来她的题名，恰好也叫"唤鱼池"。于是众人都说："不谋而合，韵成双璧。"之后，王方便请人做媒，将王弗许配给苏轼。

今日你到四川青神县旅游，还可以看到一幅巨大的宣传牌，上书"青神——苏东坡初恋的地方"十个红色大字。其实这个"苏东坡初恋的地方"的噱头，跟"孙悟空的故乡""乾隆皇帝吃过的臭豆腐"一样，都是招揽游客旅游的宣传广告罢了，不要当真。

历史上的苏轼与王弗，并不存在浪漫的初恋。事实可能恰恰相反，对于父亲苏洵给自己安排的这一桩婚事，苏轼一开始是抗拒的。许多年之后，苏轼在给三茅山修道高士刘宜翁的书信中说："轼龆龀好道，本不欲婚宦，为父兄所强，一落世网，不能自遁。然未尝一念忘此心也。"说他本来是一名"不婚主义者"，只是迫于父母之命，才不得不成婚。而那桩迫于父母之命的婚姻，应该就是与王弗成亲。

在另一封写给侄婿王庠的书信中，苏轼也坦言："轼少时本欲逃窜山林,父兄不许,迫以婚宦,故泪没至今。"年轻时的苏轼为什么不想结婚?据他自述,是因为自幼好道术,想入山修道,但这个理由显然有些牵强。如果一心想出家修行,那在王弗去世后,他大可不必再娶王闰之。

苏轼的侄婿王子家(与王庠是否同一人?当考)曾告诉朋友李如篪一段关于苏轼少年时代的绯闻,李如篪又将他听来的这一绯闻记入了《东园丛说》,所以今天我们才有机会根据王子家的"八卦"来猜测当初苏轼为什么不愿意娶王弗。"王子家言及苏公少年时,常夜读书,邻家豪右之女,尝窃听之。一夕来奔,苏公不纳,而约以登第后聘以为室。暨公及第,已别娶仕宦。岁久访问其所适何人,以守前言不嫁而死。"

原来,苏轼少年时结识了一名邻家富豪的女儿。这位勇敢的少女曾提出要跟苏轼私奔,但苏轼拒绝了,说等他进士及第,回来明媒正娶她过门。然而,等到苏轼及第,父亲苏洵已经给他安排好了婚姻,苏轼无奈"别娶仕宦"。这位仕宦之女,便是王弗。少年苏轼抗拒父亲安排的婚事,也许是念念不忘他给邻家少女的承诺吧。

多年后,苏轼还托人访问过那位女子的下落,却得知初恋情人信守前言,"不嫁而死"。苏轼肯定非常伤感,相传他的《卜算子》小词"缺月挂疏桐,漏断人初静。谁见幽人独往来,缥缈孤鸿影。 惊起却回头,有恨无人省。拣尽寒枝不肯栖,寂寞沙洲冷",便是悼念这位情深缘浅、"拣尽寒枝不肯栖"的女子。

我们考据苏轼的这一段情感隐秘，丝毫不怀疑他结婚之后对妻子王弗的忠诚，也丝毫不怀疑在王弗去世后苏轼对她的怀念。人生在世，婚前的浪漫固然美好难忘，婚后夫妇之间的相濡以沫则更值得珍惜。非要给苏轼与王弗编排一个初恋故事，无异于狗尾续貂。

严蕊有没有受到朱熹的迫害

卜算子

不是爱风尘,
似被前缘误。
花落花开自有时,
总赖东君主。

去也终须去,
住也如何住!
若得山花插满头,
莫问奴归处。

许多人都相信,这首《卜算子》是南宋名妓严蕊所作。也有许多人听说过,严蕊之所以写了这么一首小词,是因为当时她受到朱熹的迫害，身陷囹圄。这里面有一个流传甚广的故事。

故事得从朱熹与唐仲友相讼说起。淳熙年间，唐仲友任台州知州，任职期间浙东发生了水旱灾害，百万生齿，饥困支离，朝不谋夕。朝廷任命朱熹为提举浙东常平茶盐公事，巡按浙东主持荒政。

朱熹在巡视台州时，当地士民纷纷投状检控知州唐仲友不法之事。朱熹连上六疏弹劾唐仲友，列举出来的罪状包括贪污官钱、偷盗公物、收受贿赂、伪造会子、嫖宿官妓等。其中嫖宿官妓一条，就牵涉到严蕊。

严蕊，台州官妓，字幼芳，周密《齐东野语》称其"善琴弈歌舞、丝竹书画，色艺冠一时。间作诗词有新语，颇通古今。善逢迎，四方闻其名，有不远千里而登门者"。唐仲友看严蕊色艺俱佳、才貌双全，十分宠爱，为其脱了妓籍，安置在婺州别宅，当成"小三"包养起来。

朱熹弹劾唐仲友，"自到任以来，宠爱弟妓，遂与诸子更相逾滥。行首严蕊稍以色称，仲友与之媟狎，虽在公筵，全无顾忌"。

宋朝有官妓制度，士大夫在公务接待时，可以传唤歌妓歌舞佐酒。但请注意，按宋朝法律，官员不准在公务接待之外"预妓乐宴会"，否则处以"杖八十"的刑罚；官员也不准跟官妓发生不正当关系，"宋时阃帅、郡守等官，虽得以官妓歌舞佐酒，然不得私侍枕席"。唐仲友的风流行为，显然已经触犯了宋朝的官员守则，所以朱熹上书弹劾唐仲友，也将其与官妓媟狎之事列为罪状之一。

后世学者余嘉锡说："夫唐宋之时，士大夫宴会，得以官妓承值，征歌侑酒，不以为嫌。故宋之名臣，多有眷怀乐籍，形之歌咏者，风会所趋，贤者不免。仲友于严蕊事之有无，不足深诘。"他这么说，有替唐仲友开脱之嫌。因为作为地方长官的唐仲友是不是与官妓严蕊有一腿，关乎当时的官场纪律，也关乎朱熹的指控是否诬陷，怎么可以说"不足深诘"？

在朱熹对唐仲友提起弹劾后，唐仲友也上书自辩。当时的宰相王淮，是唐仲友的同乡兼姻亲，他将朱熹的前三道弹劾状都压了下来，没有提交皇帝。吏部尚书郑丙、侍御史张大经此时又站出来举荐唐仲友（大概是为了迎合宰相王淮），所以唐仲友虽然受了弹劾，却一点事都没有，反而升迁为江西提刑。

朱熹见三道弹劾状都石沉大海，又上了三道措辞更严厉的弹劾状。王淮眼见不敢再瞒下去，只好将朱熹的弹劾状与唐仲友的自辩状呈交宋孝宗。孝宗询问这究竟是怎么回事，王淮轻描淡写地说："此秀才争闲气耳。"孝宗令宰属讨论朱熹、唐仲友争讼一事。有臣僚建议，将朱熹调离浙东，由浙西提刑委任"清强之官"前往台州"究实"（但最后并未"究实"，而是不了了之）。王淮为显示公正，夺了唐仲友的江西提刑之职,改任朱熹为江西提刑。

但任命书送到浙东后,朱熹以"填唐仲友阙不可"为由,坚决不接受任命书,还提出辞职,乞请奉祠归家,获批准。按野史笔记的记述,接替朱熹巡按浙东的官员,是岳飞之子岳霖。

此时,受唐仲友案牵连的严蕊还被关押在绍兴府,接受调查。自系狱以来,严蕊硬是咬紧牙关没有供出唐仲友,"虽备受捶楚,而一语不及唐"。她因此受了一次杖刑,随后被移交绍兴置狱,继续受审,但严蕊还是不招供。审案的法官好言相诱道:"汝何不早认,亦不过杖罪。况已经断,罪不重科,何为受此辛苦邪?"严蕊答道:"身为贱妓,纵是与太守有滥,科亦不至死罪。然是非真伪,岂可妄言以污士大夫,虽死不可诬也。"言辞非常坚决,于是又被痛杖一次。"两月之间,一再受杖,委顿几死,然蕊声价愈腾",坊间都十分佩服严蕊的硬气。

岳霖到任后,很是可怜严蕊,有心放她一马,便命她"作词自陈"。严蕊略微构思,口占《卜算子》一首,即前引的那首小词。此词写得楚楚动人,让我们再读一遍:"不是爱风尘,似被前缘误。花落花开自有时,总赖东君主。 去也终须去,住也如何住!若得山花插满头,莫问奴归处。"

岳霖怜其才情,即日判令从良。未久,一位宗室近属将严蕊纳为小妇以终身焉。严蕊算是有了一个好归宿。

这个动人的故事，记载在野史笔记《齐东野语》中。明末凌濛初编撰《拍案惊奇》时，又根据《齐东野语》的记载将其改编成小说《硬勘案大儒争闲气，甘受刑侠女著芳名》，将严蕊塑造成了一名受到道学家迫害的奇女子。可惜，经近世学者严肃考证，基本上已可以认定《齐东野语》所录并非史实。检索史料，接替朱熹出任浙东提刑的官员，叫张诏，并不是岳霖。那首《卜算子》也非严蕊所写，而是出自唐仲友的亲戚高宣教之手，创作时间是在唐仲友替严蕊脱去妓籍之时，并不是在严蕊系狱之后。

历史上的严蕊也不是一个清白而硬气的女子。她受宠于唐仲友，却恃宠骄纵，当起官场掮客，收受贿赂，干预公事。有一个叫徐新的吏员被唐仲友分配到临海县卖官酒，徐新为了逃避这一差使，便向严蕊行贿，托她向唐仲友说情。还有一个叫杨准的人，因为偷娶官妓事发，为免受罚，也给严蕊等官妓送了一百贯钱，请她关说。这些犯罪情节，都有严蕊本人的供状与其他涉案人员的证词为证。

严蕊确实受过两次杖刑，一次是因为未经正式手续便脱了妓籍，移居外地。按《宋刑统》，官妓未经批准而流宕他所，为"浮浪罪"。流宕十日，笞十二；每十日加一等；流宕一百九十日以上，杖一百。严蕊因此受了一次杖刑。

另一次则是结案时，严蕊因犯了"不应律"（指收受贿赂，干预公事）再领杖刑。第二次杖刑时，朱熹已经辞职了。说严蕊受朱熹的迫害，于史无据，只是坊间文人的以讹传讹而已。

我们点破历史的真相，是不是有点大煞风景？

皇帝吃起醋来会怎样

少年游

并刀如水,
吴盐胜雪,
纤手破新橙。
锦幄初温,
兽烟不断,
相对坐调笙。

低声问:
向谁行宿?
城上已三更。
马滑霜浓,
不如休去,

> 直是少人行。

周邦彦（1056—1121年）是生活在北宋后期的一位词人、音乐家，词艺造诣不亚于北宋前期的柳永，二人的性情与词风亦颇为相似。跟柳永一样，小周年轻时，因为生性风流，行为放浪，时常流连于秦楼楚馆，地方士大夫都对他不以为然。但周邦彦才情过人，博涉百家之书，在太学读书时，曾以一篇《汴都赋》惊艳京师。

《少年游》是周邦彦创作的一首描绘青楼春色的艳词。按宋人笔记的记载，这首小词背后，还隐藏着一个很有趣的故事。

故事得从宋徽宗说起。大家都知道，宋徽宗是一个风流君王，野史甚至绘声绘色地记录了他微服私访青楼，跟京城名妓李师师约会的绯色事件。《宋史·曹辅传》收有谏官曹辅的一份奏疏，疏中说："陛下（指宋徽宗）厌居法宫，时乘小舆，出入廛陌之中、郊坰之外，极游乐而后反。"按《大宋宣和遗事》的记述，曹辅更是直言"易服微行，宿于某娟之家，自陛下始，贻笑万代"。看来宋徽宗私幸李师师一事，也未必全是坊间文人的虚构。

话说政和元年（1111年）的某一日，宋徽宗又来行院见李师师，恰好李师师已经先接了客人，那客人便是时任开封府监税官的周邦彦。周邦彦听说宋徽宗驾到，立即就慌了。

这地方哪里是君臣见面的场合？他想推门离开，又生怕撞见了皇帝；想推窗跳下，又没有侠客的轻功。慌乱之下，只好躲入李师师的床底。

徽宗进来，带了江南进贡的橙子，送给李师师尝尝鲜。吃过橙子，唱过曲子，不知不觉，夜色已深，李师师说："官家你看，天色已晚，霜浓路滑，行人稀少，不如在此歇息一宿，明日再走如何？"这两个人打情骂俏的话，当然都传入了床下周邦彦的耳朵里。

周邦彦也是好事之人，居然将床底下听到的旖旎风光写入了这首《少年游》，然后送给李师师。过了一段时间，宋徽宗又来造访李师师。李师师给道君皇帝献唱了一支新曲子，正是周邦彦填词的《少年游》。徽宗听那歌词，觉得词中所写场景怎么这么熟悉啊？便问李师师，此词是何人所作。李师师说，是周邦彦。

徽宗心道，李师师连闺中秘事都告诉了周邦彦，可知此二人的关系是何等亲密，心里不由得醋意大发。回宫后，宋徽宗叫来宰相蔡京问："听说开封府监税官周邦彦没有完成年度征税任务，为什么开封府尹不将这件事报告上来？"

蔡京不明就里，只好回答："待臣问个明白，再回复您。"当下蔡京令人叫来开封府尹。府尹说："今年开封府几个监税官都未能完成任务，只有周邦彦超额完成了。"蔡京说："我看皇上的意思，就是要故意给周邦彦穿小鞋，只好委屈周某人了。"最后，宰相以"周邦彦职事废弛"为由，将周邦彦贬出了京城。

又隔一二日，宋徽宗复幸李师师家，却不见李师师，便问师师去哪儿了。行院的人说，师师给周邦彦送行去了。徽宗正为赶走了情敌而高兴呢，谁知意中人却跟情敌约了会，心下自是十分不快。在行院等到华灯初上，李师师才赶回来，"愁眉泪睫，憔悴可掬"。徽宗大怒问："你去哪里了？"李师师坦然说："听说周邦彦被贬出京城，我替他饯行，略致一杯相别，不知官家来。"

宋徽宗又说："那个周邦彦，是否又写了新词？"李师师说："他刚填了一首《兰陵王·柳》。"徽宗说："唱一遍听听。"李师师当下唱道："柳阴直，烟里丝丝弄碧。隋堤上，曾见几番，拂水飘绵送行色。登临望故国，谁识京华倦客？长亭路，年去岁来，应折柔条过千尺。　闲寻旧踪迹，又酒趁哀弦，灯照离席。梨花榆火催寒食，愁一箭风快，半篙波暖，回头迢递便数驿。望人在天北。　凄恻，恨堆积！渐别浦萦回，津堠岑寂。斜阳冉冉春无极。念月榭携手，露桥闻笛。沉思前事，似梦里，泪暗滴。"

一曲终了，宋徽宗心里虽有醋意，却又不得不折服于周邦彦的才情。大概也是为了讨李师师欢心，便下诏将周邦彦召回，任命为"大晟乐正"，主管宫廷雅乐。看来宋徽宗尽管行事荒唐，不过毕竟不是狠毒之辈。

这一逸事记录在宋人笔记《贵耳集》《耆旧续闻》中。按王国维考据，此事不实。因为政和元年，周邦彦已经五十多岁，官至列卿，应无冶游之事。

南宋《浩然斋词话》还提供了另一个版本的故事："宣和中，李师师以能歌舞称。时周邦彦为太学生，每游其家。一夕值祐陵（指徽宗）临幸，仓卒隐去。既而赋小词，所谓'并刀如水、吴盐胜雪'者，盖纪此夕事也。未几，李被宣唤，遂歌于上前。问谁所为，则以邦彦对。于是遂与解褐，自此通显。"在这一版本中，宋徽宗听了李师师所唱的《少年游》，并未吃醋，而是对周邦彦大为赏识，给他封了官职。不过王国维认为，这一记载亦失实。周邦彦在太学读书时，为宋神宗元丰年间，此时宋徽宗还未登基呢。

但宋人在他们的笔记中，多次记录了宋徽宗与周邦彦同会李师师的逸事。显然在宋人看来，以宋徽宗的生性，做出那点荒唐事是完全可能的。他们记录这个故事，目的也是为了批判宋徽宗不似人君，行为不成体统，终致亡国之祸。

宋徽宗朝有两位名叫"邦彦"的大臣，一个是周邦彦，一个是李邦彦。周邦彦其实是有人格操守之人，蔡京当权之时，"祥瑞沓至"（其实就是人为炮制出来拍皇帝与宰相马屁的），徽宗要求提举大晟府的周邦彦将"祥瑞"写入乐词，但周邦彦以"某老矣，颇悔少作"为由，拒绝了。他宁愿为舞鬟创作小词。

至于李邦彦，也是一位才子，《宋史》称他"美风姿，为文敏而工。然生长闾阎，习猥鄙事，应对便捷；善讴谑，能蹴鞠，每缀街市俚语为词曲，人争传之"，后官至宰相。他这个人跟周邦彦一样"游纵无检"，号称"浪子宰相"。

有意思的是，周邦彦与李邦彦都是李师师家的常客。如果宋徽宗私幸李师师确有其事，那君臣同靴，也算是千古奇闻了。用《贵耳集》作者张端义的话来说："君臣遇合于倡优下贱之家，国之安危治乱，可想而知矣！"北宋亡于宋徽宗之手，岂是无因由？

一位被命运捉弄的女词人

生查子·元夕

去年元夜时，
花市灯如昼。
月上柳梢头，
人约黄昏后。

今年元夜时，
月与灯依旧。
不见去年人，
泪湿春衫袖。

这首小词的作者，一说为北宋一代文宗欧阳修。因为南宋周必大校刊《欧阳文忠公集》时，收录了这首《生查子·元夕》；一说为女词人朱淑真，因为南宋魏仲恭编辑的朱淑真诗词集《断肠集》，也收录了这首《生查子·元夕》。

我更相信此词出自朱淑真之手笔，因为朱氏又有一首《元夜》诗传世："火烛银花触目红，揭天鼓吹闹春风。新欢入手愁忙里，旧事惊心忆梦中。但愿暂成人缱绻，不妨常任月朦胧。赏灯那得工夫醉，未必明年此会同。"从内容看，《元夜》词正好与《元夕》词构成上下篇，相互呼应。

朱淑真，钱塘人，幼警慧，善读书，工绘事，晓音律，在文学史上，与李清照一起构成了宋代女性文学家的双子星座。但我们对朱淑真身世的了解非常有限，她究竟是北宋人还是南宋人，父母是何身份，夫婿又是什么人，这些问题，就如《生查子·元夕》的作者到底是谁一样，都是无头公案，至今都未有定论。

目前关于朱淑真的资料介绍，大多说朱氏为南宋人，甚至还有人言之凿凿地称她是朱熹的侄女，曾师从李清照学诗。但清人况周颐的《蕙风词话》却考证说："朱淑真词，自来选家列之南宋，谓是文公侄女，或且以为元人。其误甚矣。淑真与曾布妻魏氏为词友。曾布贵盛，于元祐以后、崇宁以前，大观元年卒。淑真为布妻之友，则是北宋人无疑。李易安时代，犹稍后于淑真。"

查朱淑真《断肠集》，收录了一首绝句，题目注明"会魏夫人席上，命小鬟妙舞，曲终，求诗于予，以'飞雪满群山'

为韵作五绝"。一部分学者相信，诗中的"魏夫人"便是北宋徽宗朝宰相曾布的妻子魏玩。看来朱淑真生活的时代应该在北宋哲宗—徽宗朝。

对朱淑真的出身，后人的说法也是莫衷一是。明人徐伯龄《蟫精隽》称："宋朱淑真，钱塘民家女也，能诗词。"不过，况周颐《蕙风词话》则说朱淑真出身于官宦之家，"父母宦浙西"。不管朱淑真的父亲是官员还是平民，有一点可以确定：这对父母对女儿婚事的专断包办，给朱淑真造成了一生的痛苦。

为朱淑真编辑遗作的魏仲恭说她"早岁不幸，父母失审，不能择伉俪，乃嫁为市井民家妻，一生抑郁不得志，故诗中多有忧愁怨恨之语。每临风对月，触目伤怀，皆寓于诗，以写其胸中不平之气。竟无知音，悒悒抱恨而终"。根据这一记载，朱淑真的丈夫是一名粗鄙、庸俗的市井之徒，完全无法理解文青妻子敏感而浪漫的情感世界。

不过，《蕙风词话》却载，朱淑真"夫家姓氏失考。似初应礼部试，其后宦游江南者"。按这一说法，朱淑真的丈夫并不是市井商民，而是一名参加过科举考试的士大夫。但不管怎么说，朱淑真与她的丈夫之间毫无共同语言，也没有多少感情，这一点是可以肯定的。朱氏的"断肠诗词"也隐讳地透露了其婚姻的不幸，如这一首《愁怀》诗："鸥鹭鸳鸯作一池，须知羽翼不相宜。东君不与花为主，何似休生连理枝。"

读朱淑真的诗词作品，我们还会发现，这位女词人很可能还有一位情郎。她有一首《清平乐·夏日游湖》写道："恼烟撩露，留我须臾住。携手藕花湖上路，一霎黄梅细雨。娇痴不怕人猜，随群暂遣愁怀。最是分携时候，归来懒傍妆台。"游湖之时，公然睡倒在情郎的怀抱里——想来朱淑真年轻之时，可是很豪放的。

如果那首《生查子·元夕》确系朱淑真所写，小词的内容也应该是讲述她对去年与情郎共度元夕的回忆。清代学者崔述的《考信录》，据此认为朱淑真婚后有外遇："朱淑其遇人不淑，其本传云'时牵情于才子'。而所作《生查子》词云：'去年元夜时，花市灯如昼。月上柳梢头，人约黄昏后。今年元夜时，月与灯依旧。不见去年人，泪湿春衫袖。'则固有外交矣。"明人杨慎在《词品》中也评曰："朱词则佳矣，岂良人家妇所宜邪？又其《元夕》诗云……与其词意相合，则其行可知矣。"

朱淑真与丈夫的结合纯属包办婚姻，婚后又长期感情不和，她心内另有所属也是毫不奇怪的事情。她英年早逝，也跟婚姻不幸有关。明代田汝成《西湖游览志》说，由于所嫁非人，朱淑真抑郁不得志，最后抱恚而死。如此说来，朱淑真是死于疾病，抑郁而终。

但从《朱淑真断肠诗词序》隐讳的记述看——"其死也，

不能葬骨于地下，如青冢之可吊"，朱淑真很可能是死于自尽，蹈水而亡，尸身漂没，以致未能入土下葬。而朱淑真之所以投水自尽，很可能是因为婚后不贞、为人所察，迫于坊间物议的压力而跳了水。死后，她的父母大概认为女儿的诗词作品有辱门风（也可能是不想睹物思人），竟然将它们一火焚之，以致今所传者，百不存一。

朱淑真的人生，如同一本令人不忍卒读的书，命运把它装订得极为拙劣。在她去世之后，有一位叫魏仲恭的南宋人，对朱淑真的命运十分感慨，不但辑录了朱氏的遗作编成《断肠集》，还给朱淑真写了一篇序文："见旅邸中好事者，往往传诵朱淑真词，每窃听之，清新婉丽，蓄思含情，能道人意中事，岂泛泛者所能及？未尝不一唱而三叹也！……观其诗，想其人，风韵如此，乃下配一庸夫，固负此生矣！……予是以叹息之不足，援笔而书之，聊以慰其芳魂于九泉寂寞之滨，未为不遇也。"

这位魏仲恭，堪称朱淑真的隔代知音。

张孝祥写诗撩妹子,反为他人做嫁衣

杨柳枝

> 碧玉簪冠金缕衣,雪如肌。
> 从今休去说西施,怎如伊。
> 杏脸桃腮不傅粉,貌相宜。
> 好对眉儿共眼儿,觑人迟。

相传这首《杨柳枝》是南宋词人张孝祥所作,而张氏之所以写下这首暧昧的小词,意在撩妹子。这类"八卦"传闻有点出乎我们的意料,因为我们都知道张孝祥是南宋豪放派的代表人物之一。他的词作大气磅礴,《杨柳枝》的小情调完全不合张词的风格嘛。所以也有人认为,这首《杨柳枝》是托名的伪作。

不过,我们这里不打算考据此词的真伪,只来说说词作后面的生动故事。据成书于明代的《情史》记述:"陈妙常,宋女贞观尼姑也。年二十余,姿色出群,能诗,尤善琴。张于湖授临江令,途宿女贞观,见妙常,惊讶。以词挑之,妙常拒之甚峻。"张于湖即张孝祥,"以词挑之"的词,便是这首《杨柳枝》。

这个故事曾被元朝的戏剧家关汉卿写成剧本《萱草堂玉簪记》,明代的香艳小说《国色天香·张于湖传》《万锦情林·张于湖宿女真观记》、杂剧《张于湖误宿女贞观》、传奇《玉簪记》,也都收录了张孝祥撩"佛系"妹子的风流韵事,其中以《玉簪记》最负盛名,被改编成了各种剧目。据说曹雪芹《红楼梦》中的女尼妙玉,亦是以陈妙常为原型塑造的。

《国色天香·张于湖传》对张孝祥与陈妙常初次见面的描述极有镜头感:张于湖"改升金陵建康府尹"(与《情史》所记"授临江令"有异),赴任路上投宿道观,与观主闲叙,"正说之间,帘栊响处,只见一人俄然而入,头戴七星冠,身披紫霞服,皂丝绦,红纻履,约有二十余岁,颜色如三十三天天上玉女临凡世,精神似八十一洞洞中仙女下瑶池。生得丰姿伶俐,冠乎天成。于湖一见,荡却三魂,散了七魄"。这名女道士(跟《情史》所记"女贞观尼姑"亦有异)正是陈妙常。

张于湖对陈妙常一见钟情,便寻了个机会,跟她搭讪,并写下一首《杨柳枝》送给她,表白心迹。谁知陈妙常看不上张孝祥，回了一首同题的小词，委婉拒绝了张大人的好意："清净堂前不卷帘，景幽然。湖花野草漫连天，莫胡言。独坐黄昏谁是伴？一炉烟。闲来窗下理琴弦，小神仙。"意思是说，小女子是佛系少女，心静如止水，张先生休得胡言。

张于湖看毕，已知妙常的意思，于是到船中叫王安取绢一匹，送至观中，谢了观主，进城上任理事。

但故事至此尚未结束。在这个故事中，张孝祥注定是男二号，男一号还未登场呢。

话说陈妙常自张于湖别后，懊恨不及，从此惹起凡心，常有思念之意。恰好道观的观主潘法成有个侄儿，叫作潘必正，和州泾阳县人氏，是一位年轻的书生。因赴临安赶考落榜，便顺道前来拜见观主，在观中小住——嗯，男一号上场了。

剧情的发展比较俗套：潘必正在观中遇见陈妙常，惊为天人，也写了一首小词送给她。妙常看毕，惊曰："此人言词典雅，字若龙蛇，况兼人物厚重，比那何家（指张孝祥）大不同。"两人便攀谈起来。妙常问："多承佳句。请问官人青春有几？"潘必正说："二十有五。"妙常又问："哪月寿旦？"潘必正曰："八月十三。"不用说，陈妙常对潘必正也是有意。

但这两个年轻人虽是两情相悦，以身相许，却还有一大障碍：陈妙常乃是出家人。出家人怎么可以谈婚论嫁？从程序上讲，陈妙常需要先还俗。而僧道还俗，又须经官府批准。

所以，潘必正只好带着陈妙常，还有姑母——即道观住持潘法成前往建康府投状，申请还俗。

到了府衙，陈妙常这才知道府尹张孝祥原来就是上次向她表白的那个人，顿时吓得魂不附体。但张孝祥何等人也，挥笔写下批词，批准陈妙常还俗，成全了她与潘必正的姻缘。

故事的结局皆大欢喜：潘必正与陈妙常成亲后，生有一男一女，夫妻衣锦荣归，尽天年而终。

一曲钗头凤,半生相思苦

钗头凤

红酥手,黄縢酒。
满城春色宫墙柳。
东风恶,欢情薄。
一怀愁绪,几年离索。
错,错,错!

春如旧,人空瘦。
泪痕红浥鲛绡透。
桃花落,闲池阁。
山盟虽在,锦书难托。
莫,莫,莫!

大家都知道，这是南宋大诗人陆游（1125—1210年）写给前妻唐琬的一首小词，诉说了一个哀婉、凄怨的爱情故事。

一直以来，讲述这个故事的人都说陆游与唐琬为姑表兄妹，青梅竹马，自幼两情相悦。但也有学者考证说，唐琬之父唐闳为山阴人鸿胪少卿唐翊之子，陆游之母为江陵人唐介的孙女，两家虽然同姓，但是无血亲关系。不管唐、陆是否为表亲，有一点却是可以确认的，二人后来结成了夫妇，夫妻感情很好，伉俪相得，琴瑟甚和。

但是，就如《孔雀东南飞》里的剧情，陆游之母却对儿媳妇极看不顺眼，婆媳关系非常紧张。按生活年代与陆游相近的刘克庄的说法，是因为陆游年轻时，"二亲教督甚严，初婚某氏，伉俪相得。二亲恐其惰于学也，数谴妇。放翁不敢逆尊者意，与妇诀"。总之，迫于母亲的压力，陆游不得不与唐琬离了婚。

再据南宋末周密《齐东野语》的记述，"既出，而未忍绝之，则为别馆，时时往焉"。也就是说陆、唐虽然离婚了，但一时还断不了关系，陆游瞒着母亲，在外面寻了一间别墅安置前妻，时时前往相会。未久，这一藕断丝连的情况被陆母知悉，两个年轻人才彻底断绝了来往。随后，唐琬改嫁同郡的宗室子弟赵士程。

大约绍兴二十一年（1151年。一说为绍兴二十五年，即1155年）春，一日，陆游游绍兴禹迹寺南的沈园，恰好在园内遇见了赵士程与唐琬夫妇。旧人相见，分外心酸。唐琬向丈夫介绍了陆游，夫妇又安排了酒肴款待陆游。唐琬还向前夫敬了一杯黄封酒。宋时，官酒以黄罗帕或黄纸封口，因而称"黄封酒"，又名"黄縢酒"。

陆游怅然久之，乘着酒意，在沈园的墙壁题下了这首《钗头凤》。唐琬看后不胜伤感，也和了一首：

世情薄，人情恶。
雨送黄昏花易落。
晓风干，泪痕残。
欲笺心事，独语斜阑。
难，难，难！

人成各，今非昨。
病魂常似秋千索。
角声寒，夜阑珊。
怕人寻问，咽泪装欢。
瞒，瞒，瞒！

沈园一别未几，唐琬便郁郁而终，闻者为之怆然。

陆游倒是长寿，活到了八十六岁高龄。在漫长的人生中，他常常想起早逝的前妻唐琬，默默忍受着天人相隔的思念之苦。绍熙三年（1192年），六十八岁的陆游故地重游，此时沈园已经易主，但昔日他题写的《钗头凤》依稀还留于壁间，只是蒙上了漠漠灰尘。正是景物依旧，人事全非。

陆游触景生情，不能自已，又赋诗一首，寄托对唐琬的怀念："枫叶初丹槲叶黄，河阳愁鬓怯新霜。林亭感旧空回首，泉路凭谁说断肠。坏壁醉题尘漠漠，断云幽梦事茫茫。年来妄念消除尽，回向禅龛一炷香。"

这首小诗前面，还有一段短序："禹迹寺南，有沈氏小园。四十年前，尝题小词一阕壁间。偶复一到，而园已三易主，读之怅然。"

相传陆游"每过沈园，必登寺眺望"，他写过《沈园二首》："城上斜阳画角哀，沈园非复旧池台。伤心桥下春波绿，曾是惊鸿照影来。""梦断香消四十年，沈园柳老不吹绵。此身行作稽山土，犹吊遗踪一泫然！"

开禧元年（1205年）十二月二日夜，陆游梦见自己再游沈园，醒来又赋诗两首——《十二月二日夜梦游沈氏园亭二首》："路近城南已怕行，沈家园里更伤情。香穿客袖梅花在，绿蘸寺桥春水生。""城南小陌又逢春，只见梅花不见人。玉骨久成泉下土，墨痕犹锁壁间尘。"

陆游八十二岁的时候，对唐琬仍未能忘怀，又写了一首《城南》："城南亭榭锁闲坊，孤鹤归来只自伤。尘渍苔侵数行墨，尔来谁为拂颓墙？"诗中的"城南亭榭"，便是沈园。四年后，诗人与世长辞。未知九泉之下，他能否碰见唐琬。

讲述这个伤心的故事，令人不胜唏嘘。好了，让我们从"有情人未成眷属"的感伤中回过神来，再从社会史的角度补充两点读《钗头凤》时不妨留意的历史信息。

其一，唐琬与陆游离婚后嫁与宗室子赵士程。可知宋时妇女改适，并非罕见。宋史学者张邦炜先生曾对南宋《夷坚志》所记的女子改嫁事例进行过统计，结果发现，单单一部《夷坚志》中所载宋代妇女改嫁的事竟达六十一例之多，其中再嫁者五十五人，三嫁者六人。这虽属管中窥豹，但由此亦可想见其时社会风尚之一斑。改嫁时间可考者凡四十一例，其中属于北宋的仅四例而已，属于南宋的多达三十七例。张邦炜得出了一个结论："宋代妇女再嫁者不是极少，而是极多"，"宋代对于妇女改嫁绝非愈禁愈严，相反倒是限制愈来愈小，越放越宽"。

老一辈历史学者周本淳先生曾对"陆游沈园遇唐琬"一事的真实性提出质疑，他认为不可能发生唐琬致送前夫酒馔的事情，"男女大防，某氏（指唐琬）居然可以向新夫介绍前夫，并且以酒馔招待。这种男女交往的解放程度，恐怕只有在近代西方社会才有可能"。但周先生的看法，恐怕是出于成见。其实，宋代并不像周先生想象的那样守旧。我举个例子吧，四川妇人刘娥，"始嫁蜀人龚美。（龚）美携以入京，既而家贫，欲更嫁之"。而那刘娥改嫁给谁了？襄王赵元侃。后元侃当上皇帝，是为宋真宗，刘氏之后还被册封为皇后。那龚美呢？改认刘娥为妹，成了皇室的姻亲，与内廷一直保持往来。

其二，陆游与唐琬相逢于沈园。沈园是一处私家园林，据《越中园亭记》："沈园，在郡城（今绍兴）禹迹寺南，宋时池台极盛，陆放翁曾于此遇其故妻，赋《钗头凤》词。"从其园名看，很可能是沈姓人所有，之后沈园三易其主。但不管园主人为谁，沈园始终是对公众开放的，游客可以自由入园游玩，这才有了陆游数度游沈园的故事。

向外开放其实是宋代私家园林的惯例。北宋人邵雍有一首《洛下园池》诗写道："洛下园池不闭门，洞天休用别寻春。纵游只却输闲客，遍入何尝问主人。"显然，洛阳的私家园林是任公众游赏的。邵雍的儿子邵伯温，写过一部《邵氏闻见录》，里面也描述了洛阳私园的开放性："岁正月梅已花，二月桃李杂花盛开，三月牡丹开。于花盛处作园圃，四方伎艺举集，都人士女载酒争出，择园亭胜地，上下池台间引满歌呼，不复问其主人。"连主人是哪位都不用问，也完全不必担心会被人赶出去。今天的私园业主，就没有这样的共享精神了。

一首艳词惹出一场丑闻

望江南

江南柳,
叶小未成阴。
人为丝轻那忍折,
莺嫌枝嫩不胜吟。
留著待春深。

十四五,
闲抱琵琶寻。
阶上簸钱阶下走,
恁时相见早留心。
何况到如今。

这首《望江南》被收入《醉翁琴趣外篇》，一般认为是北宋"一代文宗"欧阳修（1007—1072年）的作品。从字面看，诗人以"江南柳"比喻一名十四五岁的少女，语气轻佻，用意暧昧，透露出一个中年大叔的萝莉控情结，按捺不住春心荡漾。

相传这是欧阳修写给他外甥女阿张的一首艳词。说是外甥女，只是宗法与辈分上的关系，因为欧阳修与阿张实无血缘。原来，欧阳修有个妹妹（且叫她欧阳氏），嫁与襄城张龟正作续弦。张龟正与前妻育有一女，即阿张。不幸的是，欧阳氏嫁入张家不久，张龟正便去世了，欧阳氏孤苦无依，只好带着时方七岁的小阿张回到娘家。

按野史的说法，欧阳修看着阿张渐渐长大，有时"闲抱琵琶"，有时于"阶上簸钱"玩游戏，楚楚动人，心里便生出了一种别样的感情，于是写下了这首暧昧的《望江南》。

当然，后世也有人认为，《望江南》并不是欧阳修的作品，欧阳修实未写过这么一首艳词。如南宋人曾慥在《乐府雅词》的序中说："欧公一代儒宗，风流自命，词章窈眇，世所矜式。当时小人或作艳曲，谬为公词。"

但欧阳修年轻时确实作过不少艳词，为歌妓传唱。他早年曾与一歌妓十分要好。一日西京留守钱惟演宴请欧阳修、梅圣俞等在洛阳为官的文学才俊，又邀请歌妓陪酒助兴。但欧阳修与那歌妓迟迟未至，大家等了许久，才见二人姗姗而来。钱惟演责备那歌妓："未至，何也？"歌妓说："中暑，往凉堂睡着，觉而失金钗，犹未见。"钱惟演说："好吧。若得欧阳推官一词，便不怪你。"欧阳修遂即席为这名相好的歌妓填了一首《临江仙》："柳外轻雷池上雨，雨声滴碎荷声。小楼西角断虹明。阑干倚处，待得月华生。 燕子飞来窥画栋，玉钩垂下帘旌。凉波不动簟纹平。水精双枕，傍有堕钗横。"

所以，以欧阳修年轻时的风流习性，写一首充满萝莉控情结的《望江南》，也并非不可能。至于此词是不是为阿张而写的，就是一宗无头公案了。

不管这首《望江南》与阿张有没有关系，它后来还是给欧阳修惹来了一身腥。

话说阿张长大成人，欧阳修便给她张罗了一门亲事，嫁与族兄之子欧阳晟为妻。欧阳晟是虔州司户。宋仁宗庆历五年（1045年），欧阳晟任满，带了妻子阿张、仆人陈谏回京述职。谁知回京后，阿张与陈谏私通，被丈夫发觉。

戴了绿帽子的欧阳晟，将阿张与陈谏告到了开封府右军巡院。审讯的时候，阿张突然供称，以前跟欧阳修也有过不正当关系。并"引公未嫁时事，词多丑鄙"，那些丑鄙的言词，大概便包括写了一首《望江南》。

阿张为什么要供出这段隐情？史料有两个说法：一说阿张是为了给自己脱罪，才故意把欧阳修扯进来；一说阿张受了权知开封府事杨日严的教唆。因为杨日严之前担任益州太守时，欧阳修曾经弹劾他"贪恣"，杨日严怀恨在心，抓住阿张被诉通奸的机会，指使狱吏教唆阿张将欧阳修拖下水。

总而言之，欧阳修躺着中枪了。在传统社会，官员与人私通、乱伦，是非常严重的罪行。谏官钱明逸闻讯，立即上书弹劾欧阳修。不过，主审的军巡判官孙揆认为阿张的供状过于骇人听闻，且缺乏证据，不足采信，所以只追究阿张与陈谏的通奸罪，"不复枝蔓"。

但宰相贾昌朝认为，应该根究欧阳修到底有没有涉案，又命三司户部判官苏安世重组法庭，再审阿张案。苏安世则采信了阿张的供词，认定欧阳修与阿张有过不正当关系。

此时，宋仁宗又派了宦官王昭明监勘，以防止出现冤假错案。说起来，王昭明与欧阳修可是有过节儿的——不久之前，欧阳修被任命为河北都转运使，仁宗命王昭明随行，但欧阳修却上书说："按惯例，并无内侍同行之理，臣实耻之。"明显是瞧不起宦官王昭明的意思。

那王昭明会不会趁机报复羞辱过他的欧阳修呢？

必须承认，王昭明虽是宦官，为人却很正派。他看了苏安世的结案报告，大惊失色地说："今省判所勘，乃迎合宰相意，加以大恶，异日昭明吃剑不得。"现在您仅凭阿张一面之词，并无确证，便判欧阳修犯下人伦大恶，分明是为迎合宰相之意。若是铸成错案，待来日沉冤昭雪时，我岂不是要陪你一起吃罪？

苏安世听了王昭明的话，也深感不安，不敢枝蔓其狱，以维持原判的结论呈报上去。不过，虽然欧阳修与阿张的私情查无实据，但法官在审案时，却发现欧阳修涉嫌挪用阿张的财产。要知道，宋代的在室女，是有继承权的，女儿继承的财产，一般以"奁产"（嫁妆）的形式出现。阿张父亲张龟正去世后，给女儿留了一笔财产，作为阿张未来的嫁妆。由于阿张年纪尚幼，这笔遗产便由继母欧阳氏代为保管。

欧阳氏带着小阿张回娘家居住之后，欧阳修挪用了名义上归阿张所有的财产，购置了田产，田契上所立的名字，却是他的妹妹欧阳氏。这笔陈年旧账，因为阿张被诉通奸一案翻了出来。

案子审到最后，没有深究欧阳修与阿张到底有没有私情，但欧阳修涉嫌侵占孤儿财产，这个责任不能不追究。庆历五年（1045年）八月，欧阳修被贬至滁州任太守。那篇著名的《醉翁亭记》，就是他在滁州任上创作的。

欧阳修被贬，可能也跟"庆历新政"期间的党争有关。庆历三年（1043年），范仲淹、富弼、韩琦同时执政，发起了庆历新政。欧阳修是新政的同盟者，不过新政却遭到保守派的抵制。次年，范仲淹等人相继被罢出权力中枢，欧阳修上书反对罢免范仲淹诸人，被反对派指为朋党。正是在这一背景下，发生了阿张案。但我们也不能说欧阳修是受了诬陷，毕竟苍蝇不叮无缝的蛋，他挪用张氏私财，以妹妹的名义购买田产，在法律上难以洗脱侵占孤儿财产的嫌疑，受到处分也是应该的。

假如那首《望江南》确系欧阳修所写，那欧阳修在吟出"莺嫌枝嫩不胜吟，留著待春深"的暧昧句子时，一定想不到日后等待他的，可不是什么"春色"，而是丑闻与官司。

辛弃疾：剽悍的人生不需要解释

破阵子·为陈同甫赋壮词以寄之

醉里挑灯看剑，
梦回吹角连营。
八百里分麾下炙，
五十弦翻塞外声，
沙场秋点兵。

马作的卢飞快，
弓如霹雳弦惊。
了却君王天下事，
赢得生前身后名。
可怜白发生！

这首豪迈的《破阵子》，是南宋著名词人辛弃疾所写，写毕寄给他的朋友陈亮（陈同甫）。词中那位"醉里挑灯看剑"的剑客，不是别人，正是辛弃疾自己。

在唐宋文人骚客中，有剑侠气的并不多见，唐朝的李白是一位，他写过一首《侠客行》："赵客缦胡缨，吴钩霜雪明。银鞍照白马，飒沓如流星。十步杀一人，千里不留行。事了拂衣去，深藏身与名。闲过信陵饮，脱剑膝前横。将炙啖朱亥，持觞劝侯嬴。三杯吐然诺，五岳倒为轻。眼花耳热后，意气素霓生。救赵挥金槌，邯郸先震惊。千秋二壮士，烜赫大梁城。纵死侠骨香，不惭世上英。谁能书阁下，白首太玄经。"相传李白本人也做过游侠，喜欢剑术。但是，如果李白遇到辛弃疾，两人比试武术，估计太白诗仙会被辛弃疾秒成渣。

因为李白的"十步杀一人，千里不留行"，只是在诗中吹牛皮而已，而辛弃疾却是真的做到了"十步杀一人，千里不留行"。他词中的"醉里挑灯看剑，梦回吹角连营"以及"把吴钩看了，栏杆拍遍"，可不是书生的纸上谈兵，而是一名剑客在抚剑感慨刀光剑影的往事。

辛弃疾出生在济南府，他少年时，济南已沦落金国之手，他的祖父也在金朝为官。但辛弃疾要效忠的国家是大宋，而不是大金。

绍兴三十一年（1161年），金主完颜亮攻宋，后方中原故土的宋朝遗民趁机发动起义。少年辛弃疾也拉了一支两千余人的队伍，加入耿京领导的山东义军。与辛弃疾一块儿加入耿京义军的还有一名叫义端的僧人，是辛弃疾的朋友。但这个义端突然叛变，盗走大印逃走了，这事拖累了辛弃疾，耿京大怒，欲杀弃疾。辛弃疾淡定地说："给我三天时间。"他料定义端必投奔金帅，急忙去追，很快便追上了义端。

义端一见辛弃疾，便求饶道："我识君真相，乃青兕也，力能杀人，幸勿杀我。"说辛弃疾乃是青兕（犀牛）下凡，武功高强，希望念在昔日交情的分儿上，不要杀了他。但辛弃疾可不留情面，一剑砍下了义端的脑袋，提回来见耿京，由此受到耿京的器重。

次年，辛弃疾受耿京委派，潜回南方的宋朝，拜见宋高宗。高宗大喜，授予辛弃疾承务郎、天平节度掌书记之职，又封耿京为天平军节度使，让辛弃疾带委任状潜回金国，召耿京归宋。但辛弃疾回到山东时，却得悉了一个晴天霹雳一般的消息：耿京已被叛将张安国杀害！张安国带着耿京的人头投奔金营去了！

这这这，如何是好？辛弃疾对众将说："我缘主帅来归朝，不期事变，何以复命？"竟率领五十名勇士，直闯敌营。其时张安国正在金营与金将酣饮，辛弃疾突然闯入，于混战中生擒张安国。然后，辛弃疾押着张安国，一路闯关南下，抵达南宋杭州，"献俘行在，斩安国于市"。真可谓"十步杀一人，千里不留行"。其时，辛弃疾只有二十三岁。

南宋人洪迈写了一篇《稼轩记》，形容辛弃疾的神勇："齐虏巧负国，（辛弃疾）赤手领五十骑，缚取于五万众中，如挟毚兔。束马衔枚，间关西奏淮，至通昼夜不粒食。壮声英概，懦士为之兴起，圣天子一见三叹息。"关羽"千里走单骑""过五关斩六将"之勇，也不外如是吧。

辛弃疾南归之后，被任命为江阴佥判，不久又升为建康府通判。乾道六年（1170年），宋孝宗有意收复故土，辛弃疾也很振奋，他奋笔上书，论南北形势，"作《九议》并《应问》三篇、《美芹十论》献于朝，言逆顺之理，消长之势，技之长短，地之要害，甚备"。他《破阵子》词中的自述："马作的卢飞快，弓如霹雳弦惊。了却君王天下事，赢得生前身后名。"写的便是此时心境。可惜，南宋因北伐失利，已与金国订立《隆兴和议》，所以没有采纳辛弃疾的建议。

此后辛弃疾又历任知府、提刑使、安抚使等职，"了却君王天下事，赢得生前身后名"的梦想却无法实现，所以他才有"可怜白发生"的感慨，跟岳飞《满江红》的"白了少年头"之叹，是差不多的。

辛弃疾担任地方大员之时，施政风格也带有几分剑客的尚侠任气，如他任湖北安抚使时，"得贼辄杀，不复穷究，奸盗屏迹"，也因此落下了"好杀"之名，以致有台谏官弹劾他"用钱如泥沙，杀人如草芥"。辛弃疾少年成名，后来却宦途多舛，也与其"好杀"的铁腕备受争议有关。

有一件事也可说明辛弃疾的辛辣声名令人后怕。他在信州（今江西上饶）闲居时，与政见、抱负相似的陈亮成了好朋友，陈亮拜访辛弃疾，纵谈天下事，说得淋漓痛快。但夜里，陈亮冷静下来，才想起辛弃疾为人心狠手辣，恐为所忌，便偷了马厩里的一匹马，连夜逃走。次日，辛弃疾得知陈亮不辞而别，便写了这首《破阵子》词，寄给陈亮，以表明心迹。

奉旨填词柳三变

鹤冲天

黄金榜上,
偶失龙头望。
明代暂遗贤,如何向?
未遂风云便,
争不恣狂荡。
何须论得丧?
才子词人,
自是白衣卿相。

烟花巷陌,
依约丹青屏障。
幸有意中人,堪寻访。

> 且恁偎红倚翠,
> 风流事,平生畅。
> 青春都一饷。
> 忍把浮名,
> 换了浅斟低唱。

这首《鹤冲天》的作者柳永(约984—1053年),是生活于宋仁宗时代的著名词人,曾名柳三变,坊间又唤他柳七官人。其人"少有才俊,尤精乐章"。他的词作,宋时传播极广,"凡有井水处,皆能歌柳词"。而柳永本人却是放浪形骸之徒,罗烨在《醉翁谈录》里记载:"耆卿(柳永)居京华,暇日遍游妓馆。所至,妓者爱其有词名,能移宫换羽,一经品题,声价十倍,妓者多以金、物资给之。"他为青楼女子所填的词,自然也多为淫冶讴歌之曲。

据宋人笔记改编的《喻世明言·众名姬春风吊柳七》对此有生动描写:

> 那柳七官人于音律里面,第一精通,将大晟府乐词,加添至二百余调,真个是词家独步。他也自恃其才,没有一个人看得入眼,所以缙绅之门,绝不去走;文字之交,也没有人。终日只是穿花街,走柳巷,东京多少名妓,无不敬慕他,以得见为荣。若有不认得柳七者,众人都笑他为下品,不列姊

妹之数。所以妓家传出几句口号,道是:"不愿穿绫罗,愿依柳七哥;不愿君王召,愿得柳七叫;不愿千黄金,愿中柳七心;不愿神仙见,愿识柳七面。"那柳七官人,真个是朝朝楚馆,夜夜秦楼。内中有三个出名上等的行首,往来尤密。一个唤作陈师师,一个唤作赵香香,一个唤作徐冬冬。这三个行首,赔着自己钱财,争养柳七官人。

相传这首《鹤冲天》让一肚子才华的柳永在科举考试中名落孙山。按吴曾《能改斋漫录》的记述,柳永"好为淫冶讴歌之曲"的声名传播四方,连宋仁宗都听说了。某年科考,仁宗看到柳永的卷子,便批了一句:"且去浅斟低唱,何要浮名?"柳永遂被刷下及第进士的名单。

宋人祝穆则在《方舆胜览》中记述了另一个故事版本。翰林学士范镇曾经向宋仁宗举荐过柳永,但仁宗说:"此人任从风前月下,浅斟低唱,岂可令仕宦?"柳永从此流落不偶,卒于襄阳。

而胡仔《苕溪渔隐丛话》讲述的版本又略有不同。有人向宋仁宗举荐柳永,说此人极有才华。仁宗问道:"是不是那个填词的柳三变?"推荐人说:"是。"仁宗说:"且去填词。"柳永从此不得志,每日纵游娼馆酒楼,并自称"奉旨填词柳三变"。不过他倒也潇洒,大大咧咧地宣称"奉旨填词",在烟花柳巷继续过他的风流生活,不改浪子本色。

由于正史对此全无记载，我们不敢确定宋仁宗与柳永的过节儿是不是确有其事。但我认为，站在一国之君的立场上，仁宗皇帝排斥柳永，也并非没有道理。因为仁宗留意儒雅，务本理道，不爱浮艳虚薄之文；而柳永私生活不检点，确实不太适宜成为为民表率的政府官员。如果换成宋徽宗，很可能会将柳永提拔进大晟府。

不过，按其他宋人笔记的记载，柳永其实已于景祐末年（约1038年）进士及第，并得到一个屯田员外郎的闲职，只是一直未获升迁。有一个姓史的官员，爱其才而怜其潦倒，很想帮柳永一把，便暗暗替柳永留意机会。

机会果然来了。皇祐年间（1049—1054年），为庆贺仁宗皇帝寿辰，教坊正在排演新曲《醉蓬莱》。此时恰好司天台奏报：观测到老人星出现于天际。按古人的星象学说，此为吉兆，所以仁宗很高兴。那史姓官员便趁机向皇帝推荐了柳永："柳屯田工于音律，又善填写，何不让他写《醉蓬莱》？"仁宗同意了。

柳永本人也很希望进步，所以欣然走笔，甚自得意。以他的才情，写一首祝寿词自然是信手拈来的事情，很快他便创作出了一首《醉蓬莱》，进呈仁宗：

渐亭皋叶下，陇首云飞，素秋新霁。华阙中天，锁葱葱佳气。嫩菊黄深，拒霜红浅，近宝阶香砌。玉宇无尘，金茎有露，碧天如水。正值升平，万几多暇，夜色澄鲜，漏声迢递。南极星中，有老人呈瑞。此际宸游，凤辇何处，度管弦清脆。太液波翻，披香帘卷，月明风细。

此词以非常华丽的文辞，描述了皇宫内壮丽的秋景，以及皇帝巡游的喜庆。柳永的本意，想来也是为了讨仁宗的欢心，却一时大意，在词中埋进了几颗"地雷"。

话说仁宗皇帝兴冲冲地展开柳永进呈的词笺，读起这首《醉蓬莱》，第一眼就看到词的首字是一个"渐"字，立即面色不悦。原来，"渐"字的意思，是指皇帝病危。你在一首祝贺皇帝寿辰的词中，开门见山用了一个极不吉利的字，是什么用心嘛。难怪仁宗的脸色很不好看。

待读到"此际宸游，凤辇何处"一句，仁宗更是心情惨淡。三十年前宋真宗去世，仁宗给父亲的御制挽词，正好与这一句"此际宸游，凤辇何处"暗合。哎呀，柳七官人，你到底是给皇帝祝寿呢，还是诅咒皇帝赶快驾崩？可以想象，宋仁宗当时的内心一定是崩溃的。

又读至"太液波翻"一词，宋仁宗终于将柳永的《醉蓬莱》掷在地上，说道："何不言波澄？""太液波翻"也犯了皇家之忌，因为这句话可以解释为喻意宫廷之内不得安宁。

柳永在一首短短的词中一连埋下了三颗"地雷"，结果引来仁宗的不愉快,自此不复进用。过了几年,大约皇祐五年(1053年),落魄的柳永便去世了。野史笔记说:"死之日,家无余财,群妓合金葬之于南门外","远近之人每遇清明日,多载酒肴,饮于耆卿墓侧,谓之吊柳会"。

换一个角度来看,柳永也算是幸运的。以他那一首埋了三颗"地雷"的《醉蓬莱》,要是生活在大明朱元璋时代,或者大清乾隆时代,必定会人头落地。

宋人过节

南宋（佚名）《戏猫图》

回到宋朝过春节

每年过春节,几乎都能听到身边朋友的感慨:"这年味越来越淡了。"之所以觉得年味淡,是因为旧时那些烘托节日氛围、体现节日内涵、生成节日文化的礼仪、符号、习俗,已经淡出了人们的生活,皮(礼仪、符号、习俗)之不存,毛(年味)将焉附?许多年轻人甚至没有什么机会感受以前过年时的浓烈气氛,对中国人最重视的这一传统大节,更是几乎没有多少感情。

那么,何不随我一同看看宋朝人是如何过春节的,体验一下八百多年前的年味呢?

腊月

时序一进入腊月,宋朝街市上的年味就越来越浓了,家家户户开始用猪肉、羊肉、鱼肉腌制腊味。腊味不但可作年货，还可以储存到第二年夏天。据吴自牧的《梦粱录》记载，临安的富贵之家，遇到了下雪天气，要开筵饮宴，塑雪狮，装雪山，以会亲朋，浅斟低唱；若是晴天，则邀朋约友，夜游天街，观舞队以预赏元夕——那些准备用于庆贺元宵的歌舞队，早已在大街上彩排开了。

市场迎来了节日消费的旺季：街市尽卖撒佛花、韭黄、

南宋画家马麟所绘《秉烛夜游图》

生菜、兰芽、勃荷、胡桃、泽州饧；朝天门内外竞售锦装、新历、诸般大小门神、桃符、钟馗、狻猊、虎头及金彩缕花、春帖幡胜之类，为市甚盛；小贩沿街叫卖，"锡打春幡胜、百事吉斛儿"，"以备元旦悬于门首，为新岁吉兆"，"又有市爆仗、成架烟火之类"。

这里有几个名词需要解释一下："撒佛花、韭黄、生菜、兰芽"都是冬季的时蔬；"勃荷"即今人说的薄荷；"泽州饧"是一种风靡宋朝的饴糖；"新历"即新一年的日历；"桃符"是春联；"钟馗、狻猊、虎头"都是年画；"金彩缕花、春帖幡胜"与"锡打春幡胜、百事吉斛儿"则是过年时张贴、悬挂的吉祥物；"爆仗、成架烟火"是烟花爆竹。

许多商家还要制作过年礼品回馈老主顾。百货商店通常给老主顾送"门神、桃符、迎春牌儿"；纸马铺则印制"钟馗、财马、回头马"等年画，"馈与主顾"；药铺会做一些"屠苏袋"：小布袋装入中药材屠苏，再用五色线扎成"四金鱼同心结子""百事吉结子"，送给老顾客之宅第。宋朝人相信，将屠苏袋悬挂在门额上，可以辟邪气。

从踏入腊月到除夕期间，宋朝人有两个节日要庆祝，首先迎来的是腊月初八的"腊日"，也叫"腊八节"。这一天，开封与杭州的寺院要选用"胡桃、松子、乳蕈、柿栗"等小巧食材，煮成"腊八粥"，赠送给施主之家。药店则将"虎头丹、八神、屠苏"等中药材装入小布囊，叫"腊药"，馈遗大家，用于腊月的保健。寻常人家也会做"腊八粥"，邻里之间还要相互馈赠礼品。

到了腊月廿四日，是宋代历法上的"交年"。这天家家户户不论贫富，都要准备"蔬食饧豆"祭灶，夜间请僧道看经，备酒果送神，所以白天街坊间市声鼎沸，到处都是叫卖五色米食、花果、胶牙饧、箕豆等祭灶用品的声音。市井中还有祭神队伍，敲锣打鼓地向各户人家乞求利市。

添置年货，少不得要花销一大笔钱。对大户人家与中产之家来说，自然不成问题。但生活于城市底层的贫穷家庭，恐怕应付不了过年的开销。不过，穷人也有穷人的办法。进入腊月之后，"街市有贫丐者，三五人为一队，装神鬼、判官、钟馗、小妹等形，敲锣击鼓，沿门乞钱，俗呼为'打夜胡'，亦驱傩之意也"。这是一项很有意思的习俗，"驱傩"只不过是这一习俗的形式与附加功能而已，更重要的功能是它给了城市贫民一个获得救济的机会，同时又不失体面。

如果碰上了雨雪天气，朝廷虑及百姓不易，通常还会给都城的贫民发放救济金，同时减免租住公屋的人家三日房租。临安有许多富户，也保持着一种非常独特而难得的慈善习惯：遇上大雪之日，这些富户会沿门亲察孤苦艰难的人家，"遇夜以碎金银或钱会（纸币）插于门缝，以周其苦"，"遣心腹人，以银凿成一两、半两，用纸裹，夜深拣贫家窗内或门缝内，送入济人"。受接济的人家第二天早晨起床，还以为是老天爷突然显灵，却不知其实是哪位善心人发的慈悲。

除夜

腊月的最后一天，宋人谓之"除夜"。这一天，"不论大小家，俱洒扫门闾，去尘秽，净庭户，换门神，挂钟馗，钉桃符，贴春牌，祭祀祖宗，遇夜则备迎神香花供物，以祈新岁之安"。这套习俗，至今在潮汕一带仍得以完整地保留下来：过年前，家家户户都要洒扫门庭，叫"扫除"；都要贴门神、春联、年画；都要在除夕这天祭拜祖先、社神、天地，这叫"团年"。

宋代的"桃符"，其实就是今人所说的"春联"。因为以前的春联不是写在纸上，而是写在桃木板上，故有"桃符"之名。王安石有诗曰："爆竹声中一岁除，春风送暖入屠苏。千门万户曈曈日，总把新桃换旧符。"说的便是在热闹的爆竹声中，旧年的最后一天即将结束，人们祈望新年的生活更美满，家家户户都忙着换上新的春联。可惜今天城市中许多商品房的设计，连贴春联的门楣都给省掉了，买副春联都不知要贴在哪里。

吃过年夜饭之后，宋朝的城市迎来了彻夜不眠的大年夜，"士庶之家，围炉团坐，达旦不寐，谓之'守岁'"。孩子们跑到外面，绕街唱儿歌："卖痴呆，千贯卖汝痴，万贯卖汝呆，见卖尽多送，要赊随我来。"这叫"卖痴呆"，儿童以此相戏谑，也寄托着人们希望来年变得聪明的意愿。南宋诗人范成大有一首趣味十足的小诗，描述吴中民间"卖痴呆"的习俗："除夕更阑人不睡，厌禳钝滞迎新岁。小儿呼叫走长街，云有痴呆召人买。二物于人谁独无？就中吴侬仍有余。巷南巷北卖不得，相逢大笑相揶揄。栎翁块坐重帘下，独要买添令问价。儿云翁买不须钱，奉赊痴呆千百年。"近代广州仍有类似风俗，不过不是"卖痴呆"，而是"卖懒惰"。

除夕之夜，怎能没有鞭炮之声，烟花之色？宋朝时，火药技术已广泛应用于节日庆典，人们利用火药制成响亮的炮仗、璀璨的烟花，在节日里燃放，图个热闹与喜庆。除夕夜，宫禁之内，爆竹最响，"禁中爆竹山呼，闻于街巷"。皇室使用的炮仗不但响亮，造型也非常华丽，制成人物、果子的样子，甚至做成屏风，外画钟馗捉鬼之类，内藏药线，点燃后可连响百余声。民间市井也是"爆竹鼓吹之声，喧阗彻夜"。

我的家乡一直保留着除夕放鞭炮烟花的习俗，童年时除夕之夜"噼噼啪啪"响个不停的鞭炮声，是我记忆中最浓郁的年味。没有鞭炮的春节，年味该是多么冷淡！不过现在的城里人已经很难理解这样的习俗了，他们甚至义愤填膺地要求城市在春节期间禁绝烟花爆竹。今天在城市里燃放鞭炮烟花，确实会产生噪声、火患、烟雾等诸多外部性隐患，但这些外部性隐患是不是可以克服？这些，都是值得辩论的公共话题。

元日

正月初一，新年伊始，宋人谓之"元旦""元日"，俗称为"新年"。后世引入西洋历法，为与阳历1月1日的元旦相区分，才改称为"春节"。

据《宋史》记载，农历元旦这天，朝廷要举行盛大隆重的大朝会。一大早，皇帝起身上朝，先虔诚上香，"为苍生祈百谷于上穹"。随后，皇帝给太后拜年："元正启祚，万物惟新。伏惟尊号皇太后陛下，膺时纳祐，与天同休。"太后回皇帝："履新之祐，与皇帝同之。"然后文武百官向皇帝拜年："元正令节，不胜大庆，谨上千万岁寿。"皇帝答诸大臣："履新之吉，与公等同之。"

大宋与大辽建立了平等的邦交关系，每年元旦，两国都要互派"贺正旦使"，入朝相贺。西夏、高句丽、交趾、回纥、于阗、真腊、大理、三佛齐等国，此时也都派遣了使臣来到东京，祝贺大宋元旦。在大朝会上拜贺皇帝参加完国宴之后之后，这些外国使臣被安排到使馆休息，第二天（即正月初二）在各使馆再次赐宴；第三日，到玉津园参加礼仪性的射箭比赛，朝廷会选出善于射箭的武臣伴射。在射箭比赛中表现出色的伴射武臣，不但可以得到皇帝的丰厚赏赐，还能得到大众的青睐。"京师市井儿遮路争献口号，观者如堵"，热情丝毫不逊于今日的粉丝们对待为国争光的体育明星。

民间更是热闹。在东京开封，从马行、潘楼街、州东宋门外、州西梁门外踊路、州北封丘门外，以及州南一带，到处都是彩棚，销售冠梳、珠翠、头面、衣着、花朵、领抹、靴鞋与各种好玩的小商品。在临安杭州，市民不论贫富，游玩于琳宫梵宇，竟日不绝。家家饮宴，笑语喧哗，这是杭州城的风俗，往日的奢靡之习，一直没有改变。

按照惯例，宋朝政府会宣布：春节期间，减免公租屋的三日房租。又放开赌禁三天，即正月初一、初二、初三这三天，市民尽可纵情赌博。许多商家也以博彩、抽奖的方式销售商品：中奖了可以低于市价的价钱获得某个商品，抽不中则需以高于市价的价钱买下该商品。到了夜晚，贵家仕女也结伴出来逛街，进入赌场看人们赌博，到夜店饮宴，"惯习成风，不相笑讶"。即使是贫民，过年了，也要穿上新洁衣服，把酒相酬。

拜年也是相沿已久的习俗。士大夫们都相互拜贺，平民男女也都穿上了新衣，往来拜年。宋朝出现了一种比较有意思的拜年方式——送贺卡。许多士大夫由于应酬太多，分身乏术，无法一一登门向朋友、亲戚、同僚拜年，便委派家人手持自己的"名刺"（名片）前往拜贺。一些富贵人家，因为前来投刺贺年的人多了，便在大门口挂一个红纸袋，上书

"接福"二字，接收各方投刺，类似于信箱。

这些拜年帖，通常由梅花笺纸裁成，二寸宽，三寸长，上面写着受贺人的姓名、贺词等。南宋文人张世南家中藏有数张拜年帖，是北宋元祐年间秦观、黄庭坚、晁补之向一位叫"子允"的朋友拜年所用的名刺："观，敬贺子允学士尊兄。正旦。高邮秦观手状"——这是秦观的拜年帖；"庭坚，奉谢子允学士同舍。正月×日，江南黄庭坚手状"——这是黄庭坚的拜年帖；"补之，谨谒谢子允同舍尊兄。正月×日，昭德晁补之状"——这是晁补之的拜年帖。

由于遣人投帖比亲自登门拜年更为便捷，所以宋代士大夫群体很流行投帖拜年，"俗以为常"。当然也有人很不喜欢这种拜年方式，认为这样拜年没有诚意，比如司马光就坚持不投拜年帖，他说："不诚之事，不可为也。"这位生活严谨的老夫子给人拜年，必亲自登门。但投帖拜年的习俗也流传了下来，后又盛行于明清时期。今天许多人逢年过节会给朋友寄送贺卡，可从宋朝的拜年帖找到渊源。

正月初七之后，春节"黄金周"大致就结束了。不过在宋朝，这个时候节日的气氛并未消散，反而越来越浓厚。因为，一个更加热闹、更加隆重、更加盛大的传统大节——正月十五元宵节即将来临。这是另一篇文章的话题了，且就此打住。

我想介绍的，与其说是宋朝人的春节习俗，不如说是中国人的节日传统。千百年来，这些习俗与传统，塑造了中国人的生活方式，寄托了中国人的美好愿望，构建了中国人的礼俗秩序，也生成了中国人的文化认同。如果传统与习俗不受尊重，而是被消灭，则中国何以为中国？

宋朝人的"春晚"

宋朝也有"春节联欢晚会"吗？不太严格地说，有的。因为按照惯例，每年元旦（正月初一），朝廷要举行国宴。参与宴会的有皇帝、文武百官，以及辽、西夏、高句丽、大理等国派来的"贺正旦使"。席间，照例有教坊伶人进演歌舞、百戏、杂剧等文娱节目。这一套在元旦国宴上表演的文娱节目，我们不妨称为宋朝人的"春晚"。

南宋画家（佚名）绘制的《歌乐图》

宋朝的"春晚"不但有文娱表演，还有节目主持人，或者说，有报幕员，叫作"竹竿子"，因为他们登场报幕时，总是手持一根"竹竿拂尘"。宋朝国宴上的所有大型文娱表演，都有"竹竿子"主持节目。

"竹竿子"念的报幕词，宋人称之为"教坊词"，一般由翰林学士撰写，我们熟悉的苏轼苏大学士就写过好几套"教坊词"，其中包括元祐四年（1089年）的《紫宸殿正旦教坊词》，翻译成现在的话，便是"1089蛇年紫宸殿春节联欢晚会主持人串词"。苏大学士"教坊词"的文风，还真的挺像20世纪80年代的报幕词。为了让诸位看官领略一下报幕词的风采，我下面会将苏轼的一部分"教坊词"翻译成报幕词体。

通过苏轼撰写的"教坊词"，并参考《东京梦华录》对天宁节（宋徽宗寿辰）国宴文娱会演的描述，我们可以还原出宋代"春晚"的大致过程。

宋朝的春节国宴，照例要喝九盏御酒，每喝一盏酒，则欣赏一段文娱节目。第一盏酒与第二盏酒的文娱节目，都是歌舞：先由"歌板色"（教坊歌手）唱曲子；然后舞者入场，"对舞数拍"。

第三盏酒表演的节目，是非常精彩的"百戏"："艺人或男或女，皆红巾彩服。殿前自有石镬柱槖，百戏入场，旋立其戏竿。"——表演"百戏"的艺人登场，在宴殿的"石镬柱槖"竖起戏竿。为什么要竖立戏竿呢？因为宋人所说的

"百戏",是指上竿、跳索、倒立、折腰、弄盏注、踢瓶、筋斗、擎戴等节目,都是在戏竿上表演的,即今天的杂技。

第四盏酒时,"竹竿子"要登台致语,讲一些吉祥喜庆的祝福语,如苏轼元祐四年给紫宸殿正旦国宴撰写的教坊致语是这样的:"恭惟皇帝陛下,躬履至仁,诞膺眷命。法天地四时之运,民日用而不知;传祖宗六圣之心,我无为而自化。九德咸事,三年有成。始御八音之和,以临元日之会。人神相庆,夷夏来同。"

"竹竿子"致语完毕,教坊众伶人齐声喊口号:"九霄清晔一声雷,万物欣荣意已开。晓日自随天仗出,春风不待斗杓回。"然后,"竹竿子"用朗诵腔说道:"东风送来了春天的旋律,舞者迎来了春天的阳光。我们饮酒迎春,我们载歌载舞。有请教坊合曲。"(苏轼《紫宸殿正旦教坊词》原文:东风应律,南籁在庭。饯腊迎春,方庆三朝之会;登歌下管,愿闻九奏之和。上悦天颜,教坊合曲。)教坊伶人登场合唱。

合唱毕,饮第五盏酒,轮到小儿队登场表演大型舞蹈。"竹竿子"先出来报幕:"各位艺人的表演如此精彩,让我们每一个人都跃跃欲试。值此春回大地之际,小朋友们也忍不住要登台献艺。下面有请教坊小儿队。"(苏轼《紫宸殿正旦教坊词》原文:工师奏技,咸踊跃以在庭;稚孺闻音,亦回翔而赴节。方资共乐,岂间微情。上奉宸欢,教坊小儿入队。)

教坊小儿队由 200 多名年约十二三岁的少年艺人组成，他们身着绯绿、紫青色花衫，手执花枝，分成四列进场。领头的四名紫衫少年手举贴金牌子，擂鼓而进，牌子上面写着小儿队的队名："仙山来绛节，云海戏群鸿。"

"竹竿子"先问小儿队的领队："少年，今日登场献演，可有什么感想要说？"（苏轼《紫宸殿正旦教坊词》原文：何彼垂髫之侣，欲陈振袂之能。必有来诚，少前敷奏。）少年领队上前致语，讲些吉祥话。随后，"乐作，（众少年）群舞合唱，且舞且唱"。

小儿队舞毕，教坊伶人上场演杂剧。宋代的杂剧跟元明清时期的杂剧不一样，元明清杂剧是完整的戏剧；宋杂剧则是简短的滑稽表演，所以又称"滑稽戏"，同今日的相声、小品差不多。国宴上的杂剧通常会表演两段，前段叫作"艳段"，由杂剧伶人临场发挥，意在逗人一笑；后段为正杂剧，是有剧本的戏剧表演。

宋朝伶人表演"艳段"，喜欢将时务编入戏中，专拿高官开涮。我们耳熟能详的宋代权臣，如王安石、蔡京、秦桧、韩侂胄、史弥远等，都曾被杂剧伶人狠狠地讥讽过。对了，撰写多篇"教坊词"的苏轼，也被伶人开过玩笑。

为让列位看官见识见识宋代杂剧讥讽时政的风格，我转述一下宋徽宗时期内廷表演的一出滑稽戏吧：

三名杂剧伶人饰演成儒生、道士与僧人，各自解说其教

南宋杂剧《打花鼓》

义。儒生先说："吾之所学，仁义礼智信，曰'五常'。"然后采引经书，阐述"五常"之大义。道士接着说："吾之所学，金木水火土，曰'五行'。"亦引经据典，夸说教义。

轮到僧人说话，只见他双掌合十，说："你们两个，腐生常谈，不足听。吾之所学，生老病死苦，曰'五化'。藏经渊奥，非汝等所得闻，当以现世佛菩萨法理之妙为汝陈之。

不服，请问我。"

儒生与道人便问他："何谓生？"僧人说："内自太学辟雍，外至下州偏县，凡秀才读书，尽为三舍生。华屋美馔，月书季考，三岁大比，脱白挂绿，上可以为卿相。国家之于生也如此。"

又问："何谓老？"僧人说："老而孤独贫困，必沦沟壑。今所在立孤老院（宋朝的福利养老院），养之终身。国家之于老也如此。"

又问："何谓病？"僧人说："不幸而有病，家贫不能拯疗，于是有安济坊（宋朝的福利医院），使之存处，差医付药，责以十全之效。其于病也如此。"

又问："何谓死？"僧人说："死者人所不免，唯穷民无所归，则择空隙地为漏泽园（宋朝的福利公墓），无以殓，则与之棺，使得葬埋，春秋享祀，恩及泉壤。其于死也如此。"

最后问："何谓苦？"僧人"瞑目不应"，神情很是悲苦。儒生与道人催促再三，僧人才蹙额答道："只是百姓一般受无量苦。"

杂剧伶人演这出戏，是讥讽宋徽宗与宰相蔡京当时推行的"国家福利政策"，导致税负沉重，老百姓因此遭受"无量苦"。宋徽宗听后，"恻然长思，弗以为罪"。由此可见，宋朝杂剧伶人胆识之过人。

不过，宋朝伶人在"春晚"上表演杂剧，还是要讲究分寸，"不敢深作谐谑"。因为有外国的"贺正旦使"在场，不可有失体统。换句话说，若没有外国使者在场，杂剧伶人的表演会非常放肆。

我们都知道，宋朝流行蹴鞠，球技傲视全世界，"春晚"中当然要露一手。于是，在饮第六盏酒时，"殿前旋立球门，约高三丈许，杂彩结络，留门一尺许"，大宋两支"皇家足球队"登场：左军十六人，身着红锦衫；右军十六人，皆着青锦衣，双方立于球门两边对垒（没错，宋朝蹴鞠的球门设在球场中间），得胜的一方可获得"银碗锦彩"。

第七盏酒的节目是女童队献演。女童队由400余名"容艳过人"的妙龄少女组成，表演形式跟小儿队差不多。

第八盏酒，又是"歌板色"唱曲子。

饮至第九盏酒，大宋"皇家相扑手"上场表演相扑赛。

随着第九盏酒饮毕，相扑比赛表演结束，"竹竿子"登台作谢幕词："难忘今宵，盛世的歌声我们同分享；难忘今宵，明日的乐章我们再谱写。让我们拜别陛下，尽欢归去。"（苏轼《紫宸殿正旦教坊词》原文：酒阑金殿，既均湛露之恩；漏减铜壶，曲尽风流之妙。望彤墀而申祝，整翠袖以言归。再拜天阶，相将好去。）

至此，大宋"春节联欢晚会"落下帷幕。

元宵是宋人的狂欢节

东风夜放花千树,一夜鱼龙舞

对于生活在宋朝的人们来说,最盛大、最隆重、最热闹的节日,并不是春节,而是元宵节。

"正月里,正月正,正月十五闹花灯。"说起正月十五元宵节,我们必会想到花灯。元宵放灯的习俗兴于唐而盛于宋。唐代放灯时间为三天(从正月十四到正月十六),赵宋立国后,宋太祖于乾德五年(967年)正月下诏:"上元张灯旧止三夜。今朝廷无事,区宇乂安,方当年谷之丰登,宜纵士民之行乐。其令开封府更放十七、十八两夜灯。"将元宵放灯时间延长至五天。南宋淳祐年间,又增为六夜,正月十三日就开始放灯。

而元宵放花灯的节日气氛,老早就开始酝酿了。才过了冬至,在汴京宣德门前的御街上,开封府早已用竹木搭好了用于放灯的棚楼，饰以鲜花、彩旗、锦帛，挂着布画，画的都是神仙故事，或坊市卖药卖卦之人，这种棚楼叫作"山棚"。

从岁前开始，汴京御街两廊每天都有各色艺人表演各种娱乐节目：说唱、歌舞、杂剧、蹴鞠、猴戏、猜灯谜，奇巧百端，日新耳目，节目绝对精彩。《东京梦华录》收录了一份当时最受欢迎的节目名单与艺人名录：吞铁剑的张九哥；演傀儡戏的李外宁；表演魔术的小健儿；演杂剧的榾柮儿；弹嵇琴的温大头、小曹；吹箫管的党千；作剧术的王十二；表演杂扮的邹遇、田地广；筑球的苏十、孟宣；说书的尹常卖；弄虫蚁的刘百禽；表演鼓笛的杨文秀。

随着元宵节的临近，人们又在御街山棚的左右，摆出两座用五彩结成的文殊菩萨与普贤菩萨塑像，身跨狮子、白象，从菩萨的手指，喷出五道水流——这是最早的人工喷泉装置吧。从山棚到皇城宣德门，有一个大广场，官府在广场上用棘刺围成一个大圈，长约百余丈，叫作"棘盆"。棘盆内搭建了乐棚，教坊的艺人就在这里表演音乐、百戏。游人就站在棘刺外面观赏。

到了放灯之期，山棚万灯齐亮，金碧相射，锦绣交辉。上面站着身姿曼妙的歌妓美女，衣裙飘飘，迎风招展，宛若神仙。山棚还设有人工瀑布——用辘轳将水绞上山棚顶端，装在一个巨大的木柜中，然后定时将木柜的出水口打开，让水流冲下，形成壮观的瀑布，灯光映照之下，尤为好看。宣德门楼的两个朵楼，各挂灯球一枚，约方圆丈余，内燃椽烛。"诸坊巷、马行、诸香药铺席、茶坊酒肆，灯烛各出新奇"，"有灯球、灯槊、绢灯笼、日月灯、诗牌绢灯、镜灯、字灯、马骑灯、凤灯、水灯、琉璃灯、影灯"，灯品之多，让人目不暇接。

南宋临安府的元宵节庆，也是早早就拉开了帷幕。时序才进入冬季，街市上已开始销售各种漂亮的花灯，天街茶肆，已罗列灯球等求售，谓之"灯市"。正式的闹花灯时间尚未开始呢，市民们已先试着放灯。

街市上出现了很多支歌舞队，表演傀儡、杵歌、竹马之类的节目，表演者们衣着华美，"首饰衣装，相矜侈靡，珠翠锦绮，眩耀华丽"。贵邸豪家经常邀请这些歌舞队前往表演。杭州三桥等处，客邸最盛，舞者往来最多，每夕华灯初上时分，客人到酒楼饮酒，只要不多的一点赏钱，便可欣赏到精彩的表演。终夕天街鼓吹不绝，节日的浓烈气氛，自此日盛一日。

转眼就到元宵放灯的时候。每夕入夜之后，从大内到坊间，各种花灯争奇斗巧。宫廷的花灯无疑最为豪华，某年宫禁制作的"琉璃灯山"，高五丈，上面有各式人物，由机关控制，活动自如。至深夜，则乐声四起，放烟火（即烟花）百余架。

民间也是家家灯火，处处管弦，灯品至多，精妙绝伦。走马灯（"马骑人物，旋转如飞"）；珠子灯（"以五色珠为网,下垂流苏,或为龙船、凤辇、楼台故事");羊皮灯("镞镂精巧,五色妆染,如影戏之法");罗帛灯("或为百花,或细眼,间以红白,号'万眼罗'者,此种最奇");无骨灯,浑然是一个大玻璃球,非常奇巧;还有一种名为"大屏"的巨型灯,用水力驱动旋转。"又有幽坊静巷好事之家,多设五色琉璃泡灯,更自雅洁",如花女眷,靓妆笑语,望之如神仙。

西湖诸寺,以灵隐山上的天竺、中天竺、下天竺三寺张灯最盛,"往往有宫禁所赐,贵珰所遗","都人好奇,亦往观焉"。宋人说:"君王不赏无人进,天竺堂深夜雨时。"清河坊的蒋检阅家、张府等富家林苑,不但挂出异巧华灯,还放烟花,唱雅戏,笙歌并作。这些私家林苑是对外开放的,游客可以进去观赏,"游人士女纵观,则迎门酌酒而去",林苑主家还会向客人提供奇茶异汤,随索随应。怪不得游人玩赏,不忍离去。杭州各大酒楼也点起灯球,喧天鼓吹,设法大赏,妓女群坐喧哗,勾引风流子弟买笑追欢。

宋朝人的元宵夜,恰如辛弃疾《青玉案·元夕》词所形容:"东风夜放花千树。更吹落、星如雨。宝马雕车香满路。凤箫声动,玉壶光转,一夜鱼龙舞。"

月上柳梢头，人约黄昏后

宋朝的元夕，华灯宝炬，月色花光。比月色更迷人的是人间的灯火，比华灯更动人的是观灯的美人。

正如梆子戏《看灯》的唱词所言："正月里闹花灯，姊妹娘儿去看灯。城中士女多齐整，汴梁城中人看人。"元宵放灯，万人空巷，不仅为观灯，更为观人。司马光闲居洛阳时，上元之夜，夫人欲出门看灯。司马光说："家中点灯，何必出看？"夫人曰："兼欲看游人。"司马光说："某是鬼耶？"司马光性格严正，缺乏生活情趣，所以不能理解为什么夫人要跑到外面观灯，兼欲看游人。

不过，如果我们以为宋朝的女子躲在深闺无人识，大门不出，二门不迈，则是想错了。平日里，汴京的女子往往夜游，吃茶于彼（茶坊），元宵更是女性夜游的狂欢节。放灯期间，每当华灯初上，宋朝女子都要打扮得漂漂亮亮的，"皆戴珠翠、闹蛾、玉梅、雪柳、菩提叶、灯球、销金合、蝉貂袖、项帕（都是首饰的名堂），而衣多尚白，盖月下所宜也"，出门赏花灯。夜市之上，"都民士女，罗绮如云，盖无夕不然也"。观灯的女孩子，尽兴游赏，甚至彻夜不归，"每出，必穷日尽夜漏，乃始还家。往往不及小憩，虽含醒溢疲恋，亦不假寐，皆相呼理残妆，而速客者已在门矣"。早晨归家后，虽然疲惫不堪，却舍不得小憩片刻。整理一下残妆后，又与朋友游玩去了。

南宋画家钱选绘制的《招凉仕女图》

元宵之夜逛街看灯的女子之多,从一个细节可以看出来,那就是灯收人散之后,汴京、临安的市民都有持灯照路拾宝的习俗,往往能拾得观灯妇人们遗落的贵重首饰。《武林旧事》记载:"至夜阑,则有持小灯照路拾遗者,谓之'扫街'。遗钿堕珥,往往得之。亦东都(汴京)遗风也。"

多情少女、风流少年明着看灯，眼角却偷偷看人，有一首宋词中说："这一双情眼，怎生禁得许多胡觑？"男女四目相对，难免擦出一些醉人的火花，恰如明朝的文人所描述："宋时极作兴是个元宵，大张灯火……然因是倾城士女通宵出游，没些禁忌，其间就有私期密约，鼠窃狗偷，弄出许多话柄来。"但明朝文人的说法带有偏见，发生在元宵夜的爱情其实很美好，哪里是什么"鼠窃狗偷"？

所谓"月上柳梢头，人约黄昏后"，如此良辰美景，岂可辜负？于是在宋朝的元宵夜，许多才子艳质，携手并肩低语。"公子王孙，五陵年少，更以纱笼喝道，将带佳人美女，遍地游赏。人都道玉漏频催，金鸡屡唱，兴犹未已。""那游赏之际，肩儿厮挨，手儿厮把，少也是有五千来对儿。"谈情说爱的情人们是那么肆无忌惮，手挽手，肩并肩。汴京城里甚至设有专供少年男女谈恋爱的地点，"别有深坊小巷，绣额珠帘，巧制新妆，竞夸华丽，春情荡飏，酒兴融怡，雅会幽欢，寸阴可惜，景色浩闹，不觉更阑"。

许多人都以为宋朝礼教吃人，男女授受不亲，却不知宋朝的少年男女也有自由恋爱的。好事的宋人还总结出了一套跟女孩子搭讪、交往的指南，叫《调光经》《爱女论》，换成今天的说法，大约可以叫作"把妹秘诀"。《调光经》告诉男孩子，遇上了心仪的女孩子，当如何上前搭讪，如何博取对方好感，如何发展感情：要"屈身下气，俯就承迎"；

"先称她容貌无只，次答应殷勤第一"；"少不得潘驴邓耍，离不得雪月风花"；"才待相交，情便十分之切；未曾执手，泪先两道而垂"；"讪语时，口要紧；刮涎处，脸须皮"；"以言词为说客，凭色眼作梯媒"；"赴幽会，多酬使婢；递消息，厚赆鸿鱼"；"见人时佯佯不睬，没人处款款言词"。

宋话本小说《张生彩鸾灯传》讲述了一个发生在元宵节的爱情故事：南宋年间，越州有一名轻隽标致的秀士，年方弱冠，名唤张舜美。因来杭州参加科考，未能中选，逗留在客店中，一住半年有余，正逢着元宵佳节，"不免关闭房门，游玩则个"。恰好观灯时候，在灯影里看见一名楚楚动人的小娘子，不由得怦然心动。张舜美便依着《调光经》的教导，上前搭讪。"那女娘子被舜美撩弄，禁持不住。眼也花了，心也乱了，腿也酥了，脚也麻了，痴呆了半晌，四目相对，面面有情。"两人由此相识、相爱，并相约私奔，经一番磨难之后，有情人终成眷属。

不少话本、小说、戏文讲述的爱情故事都不约而同地以汴京或临安的元宵节为时空背景，这不是偶然的巧合，而是因为宋朝人的上元佳节，确实是一个很容易发生爱情的浪漫节日。

奏舜乐，进尧杯。传宣车马上天街

元宵节在宋朝发展成最热闹的世俗狂欢节，跟市民文化的兴起、商品经济的繁荣，以及宋朝廷对元宵闹花灯的赞助是息息相关的。

与元朝"每值元夕，虽市井之间，灯火亦禁"，明朝"正月上元日，军民妇女出游街巷，自夜达旦，男女混淆……痛加禁约，以正风俗"的做法不同。宋朝政府对于元宵节的国民狂欢表现得非常宽容。诚如宋太祖所言，"宜纵士民之行乐"。北宋时，应天府倒发生过一个"只许州官放火，不许百姓点灯"的故事，但这个故事在流传的过程中走了样。事情的真相其实是：应天府留守田登，名字与"灯"谐音。下属为避讳，遇到"灯"字一概改为"火"字。"忽遇上元，于是榜于通衢：'奉台旨，民间依例放火三日。'"台谏官获悉此事，立即弹劾，田登因此被罢了官。宋朝从未有不许百姓点灯的事情。

恰恰相反，民间放灯一直受到政府的鼓励。南宋时，依照惯例，元宵期间，临安府会蠲免公租房的三日租金；从正月十四日起，官府每天都要给各支歌舞队发钱发酒，以资犒赏；每至傍晚，临安府还要差人到各家各户询问点灯的油烛是否够用。若不够，官府会发放一些钱酒油烛，领取酒、烛到升旸宫，领取钱到春风楼。

到了放灯最后一夜，即正月十八日晚上，临安府尹要出来拜会市民。每当这个时候，府尹大人就坐着小轿，在舞队的簇拥下，招摇过市，"箫鼓振作，耳目不暇给"。临安府的"吏魁"跟在小轿后，背着一个大布袋，里面装的都是"会子"（纸币），每遇到在杭州城做生意的商民，便给他们派钱，每人数十文，祝他们新年生意兴隆。这叫"买市"。不要以为这是我编出来的，《武林旧事》有记载："吏魁以大囊贮楮券，凡遇小经纪人，必犒数十，谓之'买市'。"有一些狡黠的小商人，用小托盘放着梨、藕数片，在人群中钻来钻去，重复领赏，官府也不去计较。

宋朝的元宵节还有一个惯例：天子与民同乐，以示亲民。一首宋代小词写道："奏舜乐，进尧杯。传宣车马上天街。君王喜与民同乐，八面三呼震地来。"说的便是宋朝皇帝在宣德门与民同赏元宵的情景。每年的正月十四（或十五，或十六）之夜，皇帝都要乘小辇，来到宣德门，观赏花灯；随后，登上宣德楼。宣德楼下早已搭好一个大露台，诸色艺人在露台上表演相扑、蹴鞠等节目，皇帝坐在楼上欣赏表演，百姓都在露台下观看，宫嫔们嬉笑的声音，百姓都能听到。先到宣德门下的市民，还可以近距离一睹龙颜。

这时候，叫卖"市食盘架"的小贩守候在门外，等着赏灯的嫔妃宣唤，皇室中人叫买小吃零食，出手非常大方："妃嫔内人而下，亦争买之，皆数倍得直，金珠磊落。"有些幸运的小贩，一夜之间就发了财。

北宋徽宗年间，皇室还在皇城端门摆出御酒，叫"金瓯酒"，由光禄寺的近千名工作人员把着金卮劝酒。那些看灯的百姓，不问富贵贫贱老少尊卑，都可以到端门喝上御酒一杯。此时侍卫会呼喝提醒游人："一人只得吃一杯！"

话说有一年元宵，有个女子游了皇城后，已是深夜时分，见端门摆着"金瓯酒"，也饮了一杯。饮酒后，又顺手牵羊将金酒杯塞进了怀里，想偷走。谁知被皇室卫士发现，一把抓住，问她为什么偷东西。女子说："妾身的夫君平日管得严，我今天喝了酒，面带酒容，回家后夫君会不高兴的。我将金杯带回去，做个证物，说是皇帝御赐的酒，夫君就不敢有意见了。"只听隔帘有人笑道："将金杯送给她吧。"帘后那个说将金杯送给女子的人，便是宋徽宗。

这个故事记录在宋人万俟咏《凤皇枝令》诗的序言中，应该是可信的。后来又被改编进话本《大宋宣和遗事》，就更有戏剧性了：宣和间，上元张灯，许士女纵观，各赐酒一杯。一女子窃所饮金杯，卫士见之，押至御前。女诵《鹧鸪天》云："月满蓬壶灿烂灯，与郎携手至端门。贪看鹤阵笙歌举，不觉鸳鸯失却群。　天渐晓，感皇恩。传宣赐酒脸生春。归家只恐翁姑责，也赐金杯作照凭。"徽宗大喜，以金杯赐之，令卫士送归。

在现代政治中，人们可以常常看到政治领袖表现出来的

"亲民秀"。元宵节宋朝君主登上宣德门楼看花灯,当然不是贪图声色享受,而是"秀亲民"。用宋仁宗的话来说:"朕非游观,与民同乐耳。"

千灯照夜成何事,一点疏防万屋危

宋朝元夕放灯,"万街千巷,尽皆繁盛浩闹",人头攒动,接踵摩肩,人多得连找个喝酒吃饭的地方都没有。宋人描述说:"所谓车马往来,人看人者是也。都人欲为夜宴,则绝无可往处,人多故也。"这么多人涌上闹市,又是男女混杂,又是夜晚,又是满城灯火,免不了要向当时的城市治理秩序与公众安全提出挑战。

元宵节最容易发生的意外主要是火灾、儿童走失与治安事故和刑事犯罪。

正月还是天干物燥的时节,又兼千家万户彻夜燃烛点灯、燃放烟花,一不小心,便会引发火患。诗人陈著有一首《元宵》诗写道:"火是人生日用资,难凭回禄做儿嬉。千灯照夜成何事,一点疏防万屋危。"这便是提醒家人:元宵放灯之时要注意防火。

所幸宋朝已建立了一套比较完备的消防制度,一百多万人口的杭州城配置有五六千名专职的消防官兵,每二三百步设一个巡察火警的哨岗。作为城市制高点的望火楼也是日夜有人值班瞭望，一旦发现哪处起火，立即拉响警报，附近的消防队很快出动救火。元宵放灯期间，宋朝政府当然会注意火警，会委派各府官僚沿街巡警。

热闹的上元夜，文静的仕女都出门赏灯了，好动的儿童又如何肯待在家里？他们拦街嬉耍，竟夕不眠。但小孩子懵懂无知，人潮拥挤之下，极容易走失。这个问题，政府也应当给予解决。宋人想出了一个办法：每一坊的巷口，在没有乐棚的地方，多设几处"小影观棚子"，里面放皮影戏，吸引小朋友进来观看，这样游人与自己的孩子走散后首先就会来这里寻找。

万众狂欢之际，也难免有人浑水摸鱼，或诱拐儿童，或偷劫财物，或调戏妇人。宋神宗时，某年上元夜，礼部侍郎王韶的幼子王寀才五六岁，随着家人出门观灯，家人将小公子扛在肩上，边走边看，目光为华灯丽人所吸引。不料有一伙奸人，见王寀头戴珠帽，晓得是富贵人家的子弟，便趁着人潮拥挤，将王寀抢走了。王寀虽年幼，却极聪慧，也很镇定，他一声不吭，悄悄将戴着的珠帽塞进怀里。待奸人扛着他走到东华门时，王寀看到皇室的侍卫队，立即大呼。奸人骇惧，只好撂下孩子逃走。宋神宗叫人将王寀抱来，一问才知道是王韶的儿子，便交代侍卫把孩子送回王家，并下令开封府追捕奸人。

为防范这样的奸人趁火打劫，趁乱作案，宋朝政府在元宵夜会加强巡警,"命都辖房使臣等,分任地方,以缉奸盗"。"都辖房"是宋朝政府设于城市的治安机构,以缉捕为职。凡热闹人多之处,皆点巨烛、松柴照路,亮如白昼。又派大量兵卒巡逻、站岗。宣德楼下,更是戒备森严,两边皆禁卫排立。

元宵放灯之期,设于京城的几个刑狱机构,也会张灯,并利用灯饰、图像演绎狱户故事,同时陈列狱具。这是对潜在不法分子的警示与威慑。临安府的"元宵法制警示"最有意思:在繁闹之地点燃巨烛,亮如白昼,警卫押着囚犯数人,并用布幅纸板写明他们的犯罪行为:"某人为不合抢扑钗环,挨搪妇女。"意思是说,这个不法分子乘人不备抢夺观灯妇女的钗环饰物,或趁着人流如潮对观灯女性耍流氓。然后,府尹当众宣布对他们的法律惩罚。

实际上这是一场表演,那些被当众宣判的囚犯,并不是真的犯了盗抢财物与调戏妇女之罪,而是监狱里的犯人被官府临时提出来充当一回"群众演员",以配合官方的"元宵法制警示"。官府的用意,是"姑借此以警奸民"。

由这些可以看出,宋朝对于"妇女出游街巷,自夜达旦,男女混淆"的元宵狂欢,并无意干涉,政府禁止的对象只是"抢扑钗环,挨搪妇女"的不法行为。倒是明代弘治年间,朝廷曾敕令两京并各州府严禁妇女元宵夜游;清代嘉庆年间,也有大臣提出查禁上元夜"男女交路,而瓜李无嫌"

的狂荡行为；元代更是干脆禁止民间元宵节放灯。生活在元朝的宋朝遗民刘辰翁，只能通过对故国元宵花灯的回忆来排遣愁怀了："不是重看灯，重见河边女。长是蛾儿作队行，路转风吹去。十载废元宵，满耳番腔鼓。欲识尊前太守谁，起向尊前舞。"

拟一份大宋"元宵联欢晚会"节目单

宋朝不但有"春节联欢晚会",还有"元宵联欢晚会"——这不奇怪,宋朝时候,元宵节远比春节热闹、隆重、盛大。

按大宋习俗,每至元夕放灯期间,皇城的宣德门广场上(北宋汴京与南宋临安皇城均有宣德门),早早就用竹木、彩帛搭建成巨大的灯山。一入夜,灯山万灯齐亮,将整个广场照得如同白昼。元夕二鼓时分,皇帝驾临宣德门,乘着小辇出来赏花灯,然后登上宣德门城楼,观赏"元宵联欢晚会"。宣德楼下早已搭好一个大露台,诸色艺人就在露台上表演文娱节目,百姓皆在露台下观看。君主与万民同乐。

一千年前的宋朝"元宵联欢晚会"到底会表演哪些节目,已无可考证。不过,根据宋人笔记记录的零散信息,我尝试拼接出了一份宋朝"元宵联欢晚会"节目单,不敢说是"还原历史"，但庶几可反映出当时元宵联欢盛况之万一。

我设定的时段是南宋理宗年间的临安元宵节。之所以选择理宗朝，是因为宋人笔记《武林旧事》收录了这个时期临安城各色著名艺人的名单，并收录了一份理宗皇帝寿辰文娱会演的节目表，是我们重构宋朝晚会节目的重要参考信息。

好了，下面就来看看我们虚拟出的大宋"元宵联欢晚会"节目名单。节目虽为虚拟，但均有所本，节目名录与演员名单均来自《武林旧事》及其他宋人笔记。至于节目主持人，这个角色之前说过，叫"竹竿子"，负责舞台节目表演的报幕、谢幕。

大宋"元宵联欢晚会"节目单

节目一：唱赚《升平乐》

表演者：临安知名官妓金赛兰、范都宜、唐安安、倪都惜、潘称心、梅丑儿、钱保奴、吕作娘、康三娘、桃师姑、沈三如。

（"唱赚"为南宋盛行一时的说唱艺术之一，金赛兰等人则是当时临安府唱曲唱得最好的官妓，《梦粱录》说她们"婷婷秀媚，桃脸樱唇，玉指纤纤，秋波滴溜，歌喉宛转，道得字真韵正，令人侧耳听之不厌"。）

节目二：说诨话《齐谐》

表演者：蛮张四郎

（"说诨话"是流行于宋代的说话节目，类似于今天的脱口秀，以诙谐、讥讽为特色。北宋汴京有位"说诨话"的艺人，名叫张山人，以诙谐独步京师，"其词虽俚，然多颖脱，含讥讽，所至皆畏其口"，是当时著名的毒舌。蛮张四郎则是南宋临安最有名的"说诨话"艺人。）

节目三：相扑竞技赛

表演者：周急快、董急快、王急快、赤毛朱超、周忙憧、郑伯大、铁稍工、韩通住、杨长脚等。

（相扑是大宋的国技，逢重大节庆，相扑表演自然是必不可少的节目。）

节目四：女相扑表演

表演者：嚻三娘、黑四姐、韩春春、绣勒帛、锦勒帛、赛貌多、侥六娘、赛关索、女急快等。

（我们可以确认一件事：在宋朝"元宵联欢晚会"上，女相扑表演是最火爆的节目。嘉祐七年的元宵节，宋仁宗驾临宣德门城楼，"召诸色艺人，各进技艺，赐与银绢，内有妇人相扑者，亦被赏赉"。此事还引来了司马光的抗议。）

节目五：说书《中兴名将传》

表演者：乔万卷。

（《梦粱录》记载，南宋临安的说书艺人，"敷演《复华篇》及《中兴名将传》，听者纷纷，盖讲得字真不俗，记问渊源甚广耳"。）

节目六：弄影戏《群仙会》

表演者：尚保义，三贾（贾伟、贾仪、贾佑），三伏（伏大、伏二、伏三），李二娘，王润卿，黑妈妈。

（在2014年中央电视台春节联欢晚会上，来自匈牙利的Attraction舞团表演的影子舞《符号中国》，令人眼前一亮。实际上这种利用光影进行表演的艺术形式，宋代已非常流行，叫"弄影戏"。《武林旧事》记载南宋元夕表演弄影戏的场景说："或戏于小楼，以人为大影戏，儿童喧呼，终夕不绝。"）

节目七：舞绾《寿星》

表演者：张遇喜、刘仁贵、宋十将、柴小哥、林赛哥、张名贵、花念一郎。

（"舞绾"即舞蹈表演。）

节目八：杂扮《四时欢》

表演者：胡小俏、周乔、郑小俏、鱼得水（旦）、王道泰、王寿得（旦）、厉太、顾小乔、陈橘皮、菜市乔、自来俏（旦）。

（"杂扮"为杂剧散段，情节简单，以逗人一乐著称，风格有点像小品，好模仿乡下人口音取笑，"多是借装为山东、河北村叟，以资笑端"。）

节目九：筑球比赛

表演者：左军一十六人：球头张俊、跷球王怜、正挟朱选、头挟施泽、左竿网丁诠、右竿网张林、散立胡椿等；右军一十六人：球头李正、跷球朱珍、正挟朱选、副挟张宁、左竿网徐宾、右竿网王用、散立陈俊等。

（"筑球"为宋代蹴鞠的比赛形式之一，类似于今天的足球赛。宋人逢盛大节日，通常都会举行精彩的筑球表演赛，以此来庆祝节日。上面列出的表演者为南宋的"皇家足球队"，叫"筑球三十二人"。）

节目十：傀儡戏《踢架儿》

表演者：卢逢春。

（"傀儡戏"即木偶戏，分为悬丝傀儡、杖头傀儡、水傀儡等，还有一种"药发傀儡"，利用火药与机关自动操纵木偶表演，非常精彩。）

节目十一：杂技《永团圆》

表演者：李赛强、一块金、李真贵、吴金脚、耍大头、吴鹞子。

（宋代的杂技表演，按不同类型，称为"顶撞踏索""踢弄""打硬"等。）

节目十二：魔术《寿果放生》

表演者：姚润。

（刘谦的魔术曾风靡一时，宋代也有专业的魔术表演，叫"手法""撮弄"。最著名的南宋魔术师是杜七圣，擅长表演"杀人复活"的把戏，"切人头下，少间依原接上"。不过元宵佳节，估计不会表演这种惊悚的魔术。）

节目十三：弄虫蚁

表演者：赵十一郎、赵十七郎、猢狲王。

（宋代风行一种训练虫蚁出来表演的把戏，叫"弄虫蚁"，擅于此道的艺人摆出一个水缸，以敲小铜锣为信号，"凡龟、鳖、鳅鱼皆以名呼之，即浮水面，戴戏具而舞，舞罢皆沉"。可惜宋代之后此技就失传了，"自后不复有之"。）

节目十四：沙画《月中仙》

表演者：姚遇仙。

（2015年中央电视台的春节联欢晚会上有个精彩的沙画表演——《丝路》。其实宋代已经出现了沙画的表演形式，叫"沙书"。临安著名的沙画好手有余道、姚遇仙、李三郎等。）

节目十五：武术表演

表演者：朱来儿、俞麻线、杨宝、林四九娘。

（今人多以为宋朝民风纤弱，但实际上，宋朝盛行习武之风，武术是民间常见的文体活动，临安城设有使拳、踢腿、使棒、舞刀枪、舞剑、打弹、射弩等协会。）

节目十六：滑稽戏《吹牛》

表演者：王侯喜、宋邦宁。

（"滑稽戏"是风靡于宋朝的一种曲艺形式，以简约的情节、滑稽的台词、关键处"抖包袱"逗人一笑，是现代相声的渊源。宋代滑稽戏有个传统，即敢于讽谏时政，讽刺高官，开涮的对象可不是小小的"马科长"，而是当朝宰相，这一风格，有点像美国的脱口秀。宋理宗朝宰相史弥远当政，权倾朝野，"士流无耻者多以钻刺进秩"，史弥远本人也多提拔家乡四明人为官。这样的宰相，当然少不得要被滑稽戏艺人拿来开涮。下面我根据宋人记录，稍加修饰，拟一篇滑稽戏梗概，题目姑且叫《吹牛》，作为大宋"元宵联欢晚会"的压轴节目。）

甲：别问我是谁，小姓万，名事通。万事通，上晓天文，下晓地理，文才赛李白，武艺胜张飞，文武双全，十项全能……

乙：你就吹吧。

甲：不吹牛。不信你考考。

乙：那好。你说"文才赛李白"，今方天下太平，文化昌盛，你且以此为题，作首诗来看看。

甲：你听好了：满朝朱紫贵，尽是读书人……

乙：停停！非也非也。应该是"满朝朱紫贵，尽是四明人"（当朝宰相史弥远是四明人）。

甲：您高才。不过我还有其他本事未展露。

乙：李白斗酒诗百篇。你酒量比李白如何？

甲：喝酒那是小意思，酿酒才是真本领。

乙：你会酿酒？

甲：会。（掏出一瓶酒）这是我酿的酒，还有个名堂。

乙：什么名堂？

甲：此酒名唤"彻底清"。

乙：好名字。且倒出看看。（甲将酒倒出来，却是浊醪一壶）咦！这酒很浑浊啊，怎么叫"彻底清"？

甲：本是"彻底清"，却被钱打得浑了。

乙：得了，你还是展露其他本事吧。李白诗好酒量好，武艺也好。你识武艺吗？

甲：我这只手，不但写得一手好字，还能擒龙缚虎，劲儿大着呢。

乙：我不信。

甲：不信你看看。这里有块石头，我只手持铁锥，一钻就能钻出一个大洞来。

乙：你钻钻。

甲：（以大钻钻之，久而不入，叹一口气说）今儿怪了，怎么钻之弥坚？

乙：笨蛋！你不去钻弥远，欲来钻弥坚，可知道钻不入也。

……

最后一个节目表演完毕，"竹竿子"登场，口念"歌舞既阑，相将好去"谢幕。晚会结束。

（在宣德门朵楼上观看这"元宵联欢晚会"的宰相史弥远，脸都气青了，立即吩咐家人：以后相府宴会，不准请伶人表演滑稽戏，"自后相府有宴，二十年不用杂剧"。但其他地方滑稽戏照演，史宰相只能叫相府之内不演滑稽戏，而且他也不敢公开抓了伶人治罪，因为拿高官开涮是宋代滑稽戏传统，王安石、蔡京、秦桧等权相都被戏弄过。一般来说，伶人不会因此被责罚。宋人说:"此本是鉴戒,又隐于谏诤,故从便跣露,谓之'无过虫'耳。"怪不得宋代滑稽戏敢如此泼辣。)

清明其实是一个欢快的节日

又到清明时节，正是慎终追远的时刻。不由得想起几年前的旧闻：清明节前夕，四川某居民小区挂出横幅，上写"恭祝全体业主节日快乐"；陕西某公司给四星客户群发节日祝福短信："您好！清明将至，提前祝您节日快乐！"……看到祝福语的小区业主与客户都很郁闷：清明节不是祭拜先人、寄托哀思的日子吗，怎么可以说"节日快乐"？

其实，从节日渊源与传统民俗的角度来说，古代的清明节确实是一个充满欢笑声的节日，古人过清明，是很快乐的。

这得从春季的三大传统节日说起：上巳、寒食、清明。我们现在所继承的清明节，实际上是融合了上巳节、寒食节与清明节三个节日。历史上，这三个节日的时间非常接近：上巳节是农历三月初三；寒食节为冬至后第一百零四日至一百零六日，连续三天；而寒食节一结束，即是清明节。也因此，古人基本上将上巳、寒食和清明连着过。

因为时间靠得太近，使得三个节日的民俗相互融合。不过，若要溯源，它们的节日内涵还是不同的。简单地说，上巳节的主要习俗是在水边饮宴游乐，所以杜甫有诗说："三月三日天气新，长安水边多丽人。"著名的"曲水流觞"便是上巳节的传统节目。

寒食节则是一个伤感的日子，节日期间要禁火三天，只能吃冷食，故名"寒食"，相传是为了纪念先秦时被晋文公用火烧死的名士介子推。纪念逝者、吃冷食，决定了这个节日的冷色调，民间也渐渐形成了"寒食上坟"的习俗。

到唐朝时，政府正式将寒食节确定为扫墓的日子。玄宗皇帝于开元二十年发布敕令："寒食上墓，礼经无文，近世相传，浸以成俗。士庶有不合庙享，何以用展孝思？宜许上墓，用拜埽礼，于茔南门外奠祭撤馔讫，泣辞，食余于他所。不得作乐。仍编入礼典，永为例程。"所以白居易在诗中写道："丘墟郭门外，寒食谁家哭。风吹旷野纸钱飞，古墓累累春草绿。棠梨花映白杨树，尽是死生离别处。冥寞重泉哭不闻，萧萧墓雨人归去。"

而清明节呢？是开始新生活的日子，因为此时寒食刚刚结束，从皇室到民间，要重新生火，取得新火种，开始正常的生活。宋朝时，每至清明日，皇家都要举行"钻燧改火"的仪式：命小内侍用榆木钻火，先取得火种者，赏赐金碗、绢三匹，并宣赐臣僚巨烛。民间也有清明日馈赠新火的习俗。

从节气来看，《历书》说："时万物皆洁齐而清明，盖时当气清景明，万物皆显，因此得名。"清明时节正是万物滋长、生命萌动的好时节，所以，古人也习惯在清明时节出游踏青，不负春光。陆游有一首《春游》诗，写的正是宋时绍兴市民游镜湖的盛况："镜湖春游甲吴越，莺花如海城南陌。十里笙歌声不绝，不待清明寒食节……"你看，莺花如海，十里笙歌。古人过清明，哪里有一丝一毫的忧伤？不必奇怪，因为唐宋时期，清明本来就是欢快的日子。

你若不信，我们可以继续来看宋朝人对清明习俗的描述。

《东京梦华录》中说，北宋时，每年的清明节开封的市民都会出城赏春，"往往就芳树之下，或园囿之间，罗列杯盘，互相劝酬。都城之歌儿舞女，遍满园亭，抵暮而归"。

《梦粱录》中说，南宋的杭州，每至清明日，"车马往来繁盛，填塞都门。宴于郊者，则就名园芳圃，奇花异木之处；宴于湖者，则彩舟画舫，款款撑驾，随处行乐。此日又有龙舟可观，都人不论贫富，倾城而出，笙歌鼎沸，鼓吹喧天。虽东京金明池，未必如此之佳。骄酒贪欢，不觉日晚。红霞映水，月挂柳梢，歌韵清圆，乐声嘹亮，此时尚犹未绝"。

明人《西湖游览志馀》也说，宋朝杭州西湖的清明之日，"车马阗集，而酒尊食罍，山家村店，享馂邀游，或张幕藉草，并舫随波，日暮忘返。苏堤一带，桃柳阴浓，红翠间错，走索、骠骑、飞钱、抛钹、踢木、撒沙、吞刀、吐火、跃圈、

南宋画家（佚名）绘制的《春宴图卷》（局部）

觗斗、舞盘，及诸色禽虫之戏，纷然丛集"。不但游客云集，而且有各色艺人表演杂技，以娱游人。

多么欢快的节日。如果我们向宋朝人送上"清明节快乐"的祝福，他们一定欣然接受，心里不会有什么芥蒂。

我们前面说过，饮宴游乐本是上巳节的习俗，但宋朝人习惯在清明时节出游宴乐，等于是将上巳节的习俗挪到了清明节。如此一来，上巳节便显得有些多余了，于是上巳节便在宋代渐渐衰落下去。这是节日融合的一个表现。

我们还说过，唐朝将寒食节确立为上坟扫墓之日。但是，基于种种原因，扫墓不可能在一日之内全民完成，只能是陆陆续续地分散进行。用宋人的话来说，"或寒食日阴雨，及有坟墓异地者，必择良辰，相继而出"。由于祭祖活动经月不绝，民间又有谚语称"寒食一月节"，意思是说，寒食节之后的一个月时间，都可以上坟。清明节自然也会有扫墓活动。宋朝时甚至出现了"凡新坟，皆用此日拜扫"之俗，大概是因为宋人祭拜新坟要烧纸钱，而寒食禁火，烧不了纸钱，须等到清明日才可以生火。就这样，寒食节与清明节也发生了融合。

祭拜逝者的淡淡哀思，并不影响宋人清明游春的欢愉。由于墓冢总是建于山野间，扫墓与踏青正好同时进行。祭拜完祖坟之后，宋人往往会放松心情，游乐一番。有一首宋诗这么写道："节序愁中都忘却，见人插柳是清明。登陴戍出吹弹乐，上冢船归语笑声。"

宋朝之后，寒食上坟的民俗完全融入清明节，寒食节便逐渐消失了，就像之前上巳节的消失一样。祭祖扫墓遂成了清明节最重要的习俗。尽管如此，清明出游的传统也一直保留了下来，踏青与扫墓同步。比如在明代，清明祭祖之人，照例要给墓冢除草添土，焚烧纸钱，"哭罢，不归也，趋芳树，择园圃，列坐尽醉"。

这可能体现了中国人的生活哲学："祖宗虽远，祭祀不可不诚。"人世美好，也值得纵情享受。节日的哀思送给先人，清明的美景留给人间。

在这清明时节，草长莺飞，杂花生树，我们祭拜先人，慎终追远；我们也珍惜当下，不负春光。如此说来，送上一句"节日快乐"的祝福，又有何不可？当然，我写此文，倒不是想替谁辩护，相信清明节的节日渊源与文化内涵，那些发祝福语的人也未必晓得,不过是"无心插柳"罢了。

哦,对了,"插柳"也是清明节的传统习俗,但今人应该已经忘得差不多了。

七夕不是情人节

每一年的七夕，不知尘世中有多少红男绿女像牛郎织女一样约会。现在许多人都将七夕理解成了情人节，大概是因为七夕与牛郎织女的传说有关吧。但实际上，七夕跟情人节毫无关系（传统社会倒有一个情人节，那就是元宵节）。恰恰相反，过去民间谈婚论嫁，还要有意避开七夕："七月七日，迎亲嫁女避节。"

为什么？你想啊，牛郎与织女有情人终成眷属，却两地分居，天各一方，一年才能见面一次。尽管宋朝诗人秦观写了一首《鹊桥仙》，歌颂七夕的浪漫："纤云弄巧，飞星传恨，银汉迢迢暗度。金风玉露一相逢，便胜却人间无数。　柔情似水，佳期如梦，忍顾鹊桥归路。两情若是久长时，又岂在朝朝暮暮。"然而，这样的浪漫只适合存在于诗歌，人世间又有哪对情人愿意分隔两地，"盈盈一水间，脉脉不得语"？

七夕其实是女儿节，或者说是乞巧节。过去的女儿家，都希望自己心灵手巧，日后能相夫教子、男耕女织，和现在女孩子的想法是不一样的。而织女是巧星，传统女性的偶像。所以每到七夕，姑娘们都要做各种奇巧的小玩意儿，向织女星乞求智巧，"家家乞巧望秋月，穿尽红丝几万条"。祈祷之后，姑娘们还会互相赠送小工艺品，送上美好祝福。

在宋代，七夕是一个非常盛大、隆重的节日。节日的热闹气氛，从农历七月初一就开始了。据《醉翁谈录》的记录："七夕，（汴京）潘楼前买卖乞巧物。自七月一日，车马嗔咽，至七夕前三日，车马不通行。相次壅遏，不复得出，至夜方散。"南宋人过七夕，"数日前，以红鸡、果食、时新果品互相馈送"，到七夕夜华灯初上时分，"倾城

南宋梁楷《耕织图卷》中描绘的男女协作的场景

儿童女子，不论贫富，皆着新衣"。

《东京梦华录》与《梦粱录》均记录了宋人在七夕夜乞巧的情景：在北宋，"至初六日、七日晚，贵家多结彩楼于庭，谓之'乞巧楼'。铺陈'磨喝乐'、花瓜、酒炙、笔砚、针线，或儿童裁诗，女郎呈巧，焚香列拜，谓之'乞巧'。妇女望月穿针，或以小蜘蛛安盒子内，次日看之，若网圆正，谓之'得巧'"。而在南宋，"富贵之家，于高楼危榭，安排筵会，以赏节序；又于广庭中设香案及酒果，遂令女郎望月，瞻斗列拜，次乞巧于女、牛。或取小蜘蛛，以金银小盒儿盛之，次早，观其网丝圆正，名曰'得巧'"。

根据这些记录，我们可以想象出宋人是如何度过七夕之夜的：寻常人家在这一天都要洒扫庭院，迎接节日；富贵人家则会大摆宴席，在庭院中搭起彩楼，叫"乞巧楼"。楼阁中摆满各种精巧小玩意儿、精美食品，女孩们望月穿针，焚香列拜，这叫"乞巧"。宋朝姑娘间流行一种很有意思的乞巧方式：捉一只小蜘蛛，关在小盒子里，七夕次日再打开盒子，看蜘蛛结出的网。如果蛛网圆正，则表示"得巧"，意味着姑娘们获得了纺织的巧智。

宋朝的七夕还是一个购物狂欢节。在北宋的汴京，"七夕前三五日，车马盈市，罗绮满街"，街市上非常热闹，大街小巷"皆卖'磨喝乐'，乃小塑土偶耳。悉以雕木彩装栏座，或用红纱碧笼，或饰以金珠牙翠"。南宋也一样，"七月七日谓之七夕节……内庭与贵宅皆塑卖'磨喝乐',又名'摩睺罗孩儿',悉以土木雕塑,更以造彩装襕座,用碧纱罩笼之,下以桌面架之,用青绿销金桌衣围护,或以金玉珠翠装饰尤佳"。

这里的"磨喝乐",乃是宋朝最流行的泥娃娃("磨喝乐"原为梵文"摩睺罗"的讹音,不知何故被宋人借用来命名泥娃娃),其地位相当于今日的芭比娃娃。

同芭比娃娃一样,"磨喝乐"制作精良,身材、手足、面目、毛发栩栩如生,而且配有漂亮的迷你服装。《醉翁谈录》说:"京师是日(即乞巧节)多博泥孩儿,端正细腻,京语谓之摩睺罗。小大甚不一,价亦不廉。或加饰以男女衣服,有及于华侈者,南人目为巧儿。"《西湖老人繁胜录》也说:"御街扑卖摩睺罗,多着乾红背心,系青纱裙儿;亦有着背心戴帽儿者。"尤以吴中名匠袁遇昌制造的"磨喝乐"最为神奇,"其衣襞脑囟,按之蠕动",即泥人内部配有机械装置。

宋朝的寻常市民家、富室乃至皇家之中,都有"磨喝乐"的忠实粉丝。流风所至,宋朝孩子很喜欢模仿"磨喝乐"的造型:"市井儿童,手执新荷叶,效摩睺罗之状。此东都(汴梁)流传,至今不改,不知出何文记也。"大人们夸一个孩子可爱迷人,也会说"**生得磨喝乐模样**"。"磨喝乐"既然风靡天下,价钱也就不可能太便宜,贵者,"一对直数千(文)"。

名匠袁遇昌制作的"磨喝乐"更是昂贵,每对叫价"三数十缗"。

除了"磨喝乐"这种宋朝人的"芭比娃娃",商家在乞巧节前面,还会隆重地推出其他玩具,如以黄蜡铸成的"凫雁、鸳鸯、鸂鶒、龟鱼之类,彩画金缕",叫"水上浮";又有"以小板上傅土,旋种粟令生苗,置小茅屋花木,作田舍家小人物,皆村落之态",叫"谷板";还有以瓜雕刻成花样,叫"花瓜";又有"以绿豆、小豆、小麦,于磁器内,以水浸之,生芽数寸,以红蓝彩缕束之",叫"种生"。这些新奇玩意儿,"皆于街心彩幕帐设出络货卖"。

许多宋朝诗人都写过有关七夕的诗,除了前面我们引用的秦观的《鹊桥仙》,南宋人赵师侠也作过《鹊桥仙》一阕,细撰宋朝七夕佳节之风情民俗:"明河风细,鹊桥云淡,秋入庭梧先坠。摩孩罗荷叶伞儿轻,总排列、双双对对。 花瓜应节,蛛丝卜巧,望月穿针楼外。不知谁见女儿忙,漫多少、人间欢会。"宋人的七夕,肯定过得比今人有趣。

北宋画家苏汉臣绘制的《货郎图轴》

1000年前的人怎样过中秋节

中秋赏月的风俗古已有之,我们从唐诗中就可以找到不少吟咏中秋的诗句,大概因为秋高气爽,正是最适合赏月的季节。不过,在宋代之前,中秋只是表示节气,并没有固定在八月十五这一天,而且尚不是一个节日。宋朝时,政府才"以八月十五为中秋节"。中秋成为一个节日,始于宋代。

那么,宋朝人是怎么度过中秋节的呢?宋人笔记《东京梦华录》《梦粱录》《武林旧事》《醉翁谈录》均有对中秋节的描述。这是我们了解宋朝中秋节日风俗的最好材料。

家家欢饮

宋人过中秋,家家必饮酒。孟元老的《东京梦华录》记载,"中秋节前,诸店皆卖新酒,重新结络门面彩楼,花头画竿,醉仙锦旆,市人争饮。至午未间,家家无酒,拽下望子"。

宋朝的八月份，正是各酒务、酒库新酒上市之日。中秋节前，各个酒店都会装饰一新，皆卖新酒。到八月十五这日中午前，往往酒家的酒都售完了，于是就放下酒帘子，不再做生意，回家欢度佳节。

登高赏月

赏月是中秋节的保留节目。《东京梦华录》这么描述北宋的中秋之夜："中秋夜，贵家结饰台榭，民间争占酒楼玩月，丝篁鼎沸。近内庭居民，夜深遥闻笙竽之声，宛若云外。"

南宋时也是如此。吴自牧《梦粱录》说："八月十五日中秋节，此日三秋恰半，故谓之'中秋'。此夜月色倍明于常时，又谓之'月夕'。此际金风荐爽，玉露生凉，丹桂香飘，银蟾光满。王孙公子，富家巨室，莫不登危楼，临轩玩月，或开广榭，玳筵罗列，琴瑟铿锵，酌酒高歌，以卜竟夕之欢。至如铺席之家，亦登小小月台，安排家宴，团圞子女，以酬佳节。虽陋巷贫窭之人，解衣市酒，勉强迎欢，不肯虚度此夜。"

拜月祈愿

拜月祈愿也是宋朝的中秋习俗，据金盈之《醉翁谈录》记载，"中秋，京师赏月之会，异于他郡。倾城人家子女，不以贫富，自能行至十二三，皆以成人之服服饰之。登楼，或于中庭焚香拜月，各有所期。男则愿早步蟾宫，高攀仙桂，所以当时赋词者有'时人莫讶登科早，只为常娥爱少年'之句。女则澹伫妆饰，则愿貌似常娥，员如皓月。俗传齐国无盐女，天下之至丑，因幼年拜月，后以德选入宫。帝未宠幸，上因赏月见之，姿色异常，帝爱幸之，因立为后。乃知女子拜月，有自来矣。旧传是夜月色明朗，则兔弄影而孕，生子必多。海滨老蚌吐纳月影，则多产明珠。比明年采珠捕兔者，卜此夕为验"。

宋人中秋拜月所祈心愿，主要有三：读书人"愿早步蟾宫"，科考高中；女孩子"愿貌似嫦娥"；已婚夫妇愿多生贵子。

彻夜狂欢

中秋之夜，大人们在赏月，拜月，饮酒；小朋友呢，彻夜玩耍，嬉玩至天亮，"闾里儿童，连宵嬉戏，夜市骈阗，至于通晓"（《东京梦华录》）。

如此佳节，户户欢庆，夜市当然要通宵营业。周密《武林旧事》载："御街如绒线、蜜煎、香铺，皆铺设货物，夸多竞好，谓之'歇眼'。灯烛华灿，竟夕乃止。"《梦粱录》也载，"此夜天街卖买，直到五鼓，玩月游人，婆娑于市，至晚不绝。盖金吾不禁故也"。

放水灯

南宋江浙一带,还有中秋放灯的习俗。与元宵节放花灯不一样,中秋放灯主要是放水灯,称为"一点红"。据《武林旧事》记载:"此夕,浙江放'一点红'羊皮小水灯数十万盏,浮满水面,烂如繁星,有足观者。或谓此乃江神所喜,非徒事观美也。"

吃月饼

中秋时节,各种应节时新食物也纷纷上市,"是时螯蟹新出。石榴、榅勃、梨、枣、栗、孛萄、弄色秔橘,皆新上市"(《东京梦华录》)。

那么,宋朝人过中秋节吃不吃月饼呢?或者说,宋朝时有没有月饼呢?当时有一种中秋时节上市的"小饼",名"月团"。苏轼一首咏小饼的小诗写道:"小饼如嚼月,中有酥和饴。默品其滋味,相思泪沾巾。"苏轼写诗之时,正是中秋前后。从诗句"中有酥和饴"中,我们可以知道宋朝小饼里面包有酥油、饴糖做成的馅,跟今天的月饼是差不多的。

宋人也有"黄金周"

不知道您会不会好奇：古人是不是也能享受"黄金周"（七天长假）？

许多朋友可能以为，休假制度是到了现代社会才出现的，其实不对。中国早在汉代，便有了完整的休假制度：每年的夏至、冬至，朝廷都要给官员放假若干天；此外，官员每上五天班，可以轮休一天，叫作"休沐"。因为汉代官员上班，食宿都在政府机关大院内，大概当时也没有什么公共浴堂，所以每隔五天，便要放他们回家洗澡、省亲。

到了唐朝，休假制度已经非常完善：每年的传统节日、节令，如春节、元宵、清明、夏至、腊日等，都要给官员放假。其中春节与冬至各休假七天，所以我们不妨说，唐朝人可以享受两个"黄金周"。每个月的上旬、中旬、下旬，也各休假一日，这叫作"旬休"，相当于今天的周末。另外，唐朝官员还享有田假、授衣假、探亲假、婚假、丧假等休假福利。

一年算下来，唐朝官员的节假日，至少在一百天以上。

节假日天数可以跟唐朝媲美的，是宋朝——

休假一百一十三天

宋朝每年有多少天的节假日呢？

宋人笔记《文昌杂录》里有对北宋中前期官员休假制度的详细介绍："祠部休假，岁凡七十有六日：元日、寒食、冬至各七日，天庆节、上元节（元宵节）同；天圣节、夏至、先天节、中元节、下元节、降圣节、腊日各三日；立春、人日、中和节、春分、社（春社）、清明、上巳、天祺节、立夏、端午、天贶节、初伏、中伏、立秋、七夕、末伏、社（秋社）、秋分、授衣、重阳、立冬，各一日；上中下旬各一日……百司休务焉。"

这里的"祠部"，相当于"国务院节假日办公室"。可以看出，宋朝的法定节假日挺多的，主要可分为两大类：一是元日（春节）、寒食、端午、重阳、腊日等传统大节，以及冬至、立春、立夏等节令；一是"天庆节""天圣节""先天节""降圣节""天贶节"这几个官方设立的政治性节庆日。

在这些普天同庆的节日，宋朝的"节假日办公室"都要给官员放假，其中元日、元宵节、寒食节、天庆节、冬至五个大节各休假七天，合计三十五天；天圣节、夏至、先天节、中元节、下元节、降圣节、腊日七个节日各休三天，合计二十一天；立春、人日、中和节、春分、春社、清明、上巳节、天祺节、立夏、端午节、天贶节、初伏、中伏、立秋、七夕、末伏、秋社、秋分、授衣节、重阳节、立冬二十一个节日各休假一天，合计二十一天。总计七十七天（《文昌杂录》的统计是七十六天，似有误）。

跟唐朝一样，宋朝官员每个月还有三天的旬休，一年合计三十六天。再加上七十七天节日假，可以算出来，一年有一百一十三天的休假，与我们现在的节假日天数差不多。但宋朝官员享用的休假天数应该比今人更多一些，因为还有探亲假（父母住在三千里外，每三年即有三十日的探亲假）、婚假、丧假等未计在内。

也许你要说了，这只是官员才能享受到的假日，寻常市民也有休假的权利吗？也有。在宋朝的官营手工业坊场中，工人也是有节假日的。一年大概可以休假六十天，包括每月三日的旬假，以及元旦、寒食、冬至、圣节、请衣、请粮、请大礼等节假日。这些工匠每日的工作时间约为十小时，每年炎夏时节，即从五月初一到八月初一，这三个月里，每日的工作量还会减半。如果换算成时间，即相当于工作半日。

至于私营行业的佣工在节假日是否休假，官府似乎并没有做出规定，大概这属于民间社会自行调节的事务吧。

五个"黄金周"

从宋朝祠部的休假清单,我们可以发现,宋朝的七天长假有五个,分别是元日(春节)、元宵节、寒食节、天庆节、冬至。换言之,宋朝人可以过五个"黄金周"。

"黄金周"的说法,据说最早由日本传入,意指国家通过给国民放长假的方式,刺激旅游、餐饮、购物、娱乐等节日消费,从而达到拉动经济增长的目标。如果以这个含义相衡量,宋朝的七天长假符合"黄金周"的定义吗?

不太严格地说,符合。宋朝的五个七日长假,至少有三个就是旅游旺季与购物旺季:春节、元宵节和寒食节。

今人过春节,逐渐兴起出游的时尚。其实宋人也有元日(春节)出游的风尚。南宋时,每逢元日,"街坊以食物、动使(小物件)、冠梳、领抹、缎匹、花朵、玩具等物沿门歌叫'关扑'(类似于有奖销售)。不论贫富,游玩琳宫梵宇,竟日不绝。家家饮宴,笑语喧哗"。这则记载透露出两条信息:一、宋人过元日会尽情购物;二、元日期间,宋人不论贫富,都喜欢出门游玩。

元宵节更是宋朝人购物、娱乐与出游的狂欢节。节日未至,宋朝市民已早早开始准备。开封街头,各种娱乐节目早已开演:"奇术异能,歌舞百戏,鳞鳞相切,乐声嘈杂十余里,击丸蹴鞠,踏索上竿""万姓皆在露台下观看,乐人时引万姓山呼""万街千巷,尽皆繁盛浩闹"。

购物也是宋朝元宵节的热潮,最畅销的商品要数各种精美的花灯,"天街茶肆,渐已罗列灯球等求售,谓之'灯市',自此以后,每夕皆然"。时人形容"灯品至多""精妙绝伦"。有一种"无骨灯",是"混然玻璃球也";走马灯则是"马骑人物,旋转如飞";还有一种名为"大屏"的巨型灯,"灌水转机,百物活动",是用水力驱动旋转的。

从正月十四夜起,宋人就开始放灯,连放五天,至正月十八日收灯。收灯之后,元宵节的热闹气氛还未结束,市民们又纷纷出城旅游。北宋时,开封"收灯毕,都人争先出城探春";南宋也一样,"都城自过收灯,贵游巨室,皆争先

《西湖清趣图》中的南宋晚期人文景物

出郊,谓之'探春'"。开封城外的园林山水,杭州的西湖,都是宋人"探春"的好去处,"举目则秋千巧笑,触处则蹴鞠疎狂"。

为鼓励市民出游,宋朝政府还"立赏格,竞渡争标",在郊外举办龙舟锦标赛。比赛之时,"都人士女,两堤骈集,几于无置足地。水面画楫,栉比如鱼鳞,亦无行舟之路,歌欢箫鼓之声,振动远近,其盛可以想见"。

这股始于元宵节的"探春"旅游热,通常要持续到二三月份的寒食节。而寒食节与清明节相连,又是宋朝的另一个"黄金周"。我们若以为寒食节和清明节是伤感的日子,那就想错了。这两个节日其实是宋朝最大的旅游旺季,借着出门扫墓的机会,宋人尽情游玩于山水间,"官员士庶,俱出郊省坟,以尽思时之敬。车马往来繁盛,填塞都门。宴于郊者,则就名园芳圃,奇花异木之处;宴于湖者,则彩舟画舫,款款撑驾,随处行乐。此日又有龙舟可观,都人不论贫富,倾城而出,笙歌鼎沸,鼓吹喧天"。

宋朝的节日旅游业十分发达,而旅游又带动了交通、食宿、购物、娱乐等消费热。也因此,宋朝人的社会生活呈现出繁华、闲适、富有生机的气息。

而从元朝开始,法定节假日锐减。元朝的节假日只有五十二天:"若遇天寿(皇帝生日)、冬至,各给假二日;元正(春节)、寒食,各三日;七月十五日、十月一日、立春、重午（端午）、立秋、重九、每旬，各给假一日。"明朝的法定休假日更少："国朝正旦节放假五日，冬至三日，元宵十日。"只在元旦、元宵、冬至三个节日休假，共放假十八天，每月三天的旬休也取消了。大概是明朝皇帝认为，闲适并不是一种值得追求的生活方式。清朝的休假制度则跟明朝的差不多，到1880年左右，清政府才在个别新式学堂试行西方式的星期日休息制度。

民国时，曾有人大发感慨，批判中国人缺乏西方的"星期文明"："西人星期日不做事，尽兴游息，然及做事则聚精会神，不或稍苟。吾国人最大弊端，即做事与不做事，往往分不清楚。要做不做，不做之做，萎靡苟且，不见精神，至于星期日亦然。"他可能不知道，中国早在唐宋时期，就已产生了跟西方"星期文明"类似的旬休制度。

日常生活

北宋画家苏汉臣所绘的《开泰图》

假如穿越到宋朝,一天可以怎么过

有这么一个说法,在网络上流布甚广。许多人写文章都引用了英国历史学家汤因比的话:"如果让我选择,我愿意生活在中国的宋朝。"但又有人考证过,这其实是以讹传讹的说法,汤因比并未说过此话。不管他是否这么说过,此话的广为传播,倒也说明了"生活在宋朝"之说确实能引发众多共鸣,深得人心。你换成"我愿生活在朱元璋时代"试试,看有多少人会响应。

事实上,不少名人都表示过"如果让我选择,我愿意生活在中国的宋朝",比如知名财经作家吴晓波先生。清华大学教授刘东先生也说:"我最愿意去活一次的地方,无疑是在10世纪的中国汴京。对于天水一朝的文物之盛,我是那样的心往神追。"

如果可以穿越历史,宋朝的确是很不错的选择。因为宋人的生活与我们熟悉的现代生活比较接近,穿越到宋朝,你会更容易适应一些。若是穿越到其他朝代，你可能会感受到极大的不适。

比如说，如果你穿越到唐朝。别看"大唐盛世"声名远播，但如果真让现代人回到唐朝，可能随时都会受不了。别的不说，就说大唐的坊市制度与夜禁制度吧，城市中的商业区（市）与生活区（坊）是相隔离的，你居住的坊不准开设商店、市场、酒店。要是你想喝杯小酒，只能跑到定时营业的"市"里。入夜，坊门开始关闭，街路清场，你要是夜晚上街溜达，便属于"犯夜"，会被抓起来打屁屁的。

唐朝还保留着中世纪式的良贱制度，你穿越过去，若是成为大唐的贵族与自由民也就罢了，万一成了贵族家的奴婢，那便没有法律地位，没有国民身份，是主家的私有财产，主人可以牵着你到市场上卖掉。

再比如说，你要是穿越到明朝，特别是明初，恐怕也会非常不适应。明朝恢复了唐朝时的严厉夜禁制度，按《大明律》的规定："凡京城夜禁，一更三点，钟声已静之后，五更三点，钟声未动之前，犯者笞三十。二更、三更、四更，犯者笞五十。外郡城镇各减一等。"你如果是宅男，倒也无所谓；若是习惯过夜生活的夜猫子，就很难受了。

明朝政府还不允许居民自由外出，农民的活动范围被限制在一里之内，必须"朝出暮入，作息之道互知"；你若想出一趟远门，必须先向户籍所在地的官府申办"介绍信"，

《清明上河图》中的商队进出城场景

当时叫"路引"。法律规定:"凡军民人等往来,但出百里者,即验文引。凡军民无文引,及内官、内使来历不明、有藏匿寺庙者,必须擒拿送官。仍许诸人告首,得实者赏,纵容者同罪。"洪武年间,曾有一名居民,因祖母病重,急着远出求医,来不及申请路引就上路,结果被巡查的官兵抓住,送"法司论罪"。

如果你穿越到宋朝,情况就不一样了。宋朝时,坊市制已经瓦解,夜禁也松弛下来,街市上到处都是商铺,城市的夜生活非常丰富。出远门也不需要开具路引,迁徙自由;只有进出要塞的关禁时,才需要办理"公凭"(通行证)。良贱制度在宋朝也趋于解体,除了少数官妓之外,所有的国民都是法律意义上的自由民,具有平等的法律身份。

因此,你若是想穿越,我建议你还是首选宋朝。那么,假设你穿越到公元11世纪的北宋东京,或者12世纪的南宋杭州,你该如何安排一天24小时的生活呢?

清晨·报晓

当你穿越到宋朝城市,首先需要有一个栖身之所。这个问题容易解决,对于一名生活在宋朝的人来说,外出经商、旅游、赶考,不用太担心会露宿街头或野外,因为宋朝的旅店业很是发达,"州府县镇,驿舍亭铺相望于道,以待宾客"。只要你有钱,就不愁找不到舒适的宾馆、旅馆、民宿(今天出土的宋钱非常多,你大可携带一麻袋穿越回去)。

繁华的京城自然是客店如云。《东京梦华录》说开封的汴河大街,"街西保康门瓦子,东去沿城皆客店,南方官员商贾兵级,皆于此安泊""以东向南曰第三条甜水巷,以东熙熙楼客店,都下着数";《武林旧事》亦载,杭州"三桥等处,客邸最盛"。你展开《清明上河图》,在"孙羊正店"的斜对面,可以找到一块招牌,上书"久住王员外家"。这是京师一位王姓员外开设的民宿。宋朝客店的住宿费也不算

《清明上河图》（局部）

贵。一般的民宿，住一晚大概收 50 文钱，以购买力折算成人民币，大约二三十元。

按照宋朝官府颁发给客店的管理条例，如果你是秀才，可以优先入住上等客房。如果你是商人，店家有义务向你告谕："先赴务印税讫，方得出卖"，"止可令系籍有牌子牙人交易"。即提醒客商：第一，不要忘记缴税；第二，交易请找有牌照的牙人。

如果你在穿越的过程中不小心着了凉，或者因为水土不服，不幸病倒于宋朝的客店，也不用太担心。因为宋朝官府对于客店的管理条例中，有一条是这么规定的："客旅不安，不得起遣。仰立便告报耆壮，唤就近医人看理，限当日内具病状申县照会。"意思是说，店家如发现住店的客人生病，不得借故赶他离店，而是要告诉当地"耆壮"（民间基层组织的首领），就近请大夫给他看病，并在当日报告县衙。如果病人身上没有带钱，这笔医药费将由官府来支付。

在客店安顿下来之后，你就可以洗个澡、吃顿饭，然后美美地睡上一觉了。第二天清晨，你会在响亮的报晓声中醒来。报晓的通常是城市寺院的僧人，北宋的开封，"每日交五更，诸寺院行者打铁牌子或木鱼，循门报晓，亦各分地方，日间求化（化缘）。诸趋朝入市之人，闻此而起"。南宋的杭州也一样，"每日交四更，诸山寺观已鸣钟，庵舍行者头陀，打铁板儿或木鱼儿沿街报晓，各分地方"。听到清脆的铁板儿声响，你便知道天快亮了，可以起床洗漱了。

这些报晓的僧人，在报晓的同时还兼报天气："若晴则曰'天色晴明'，或报'大参'，或报'四参'，或报'常朝'，或言'后殿坐'；阴则曰'天色阴晦'；雨则言'雨'。"这样，你躺在客店的被窝里，不用起床开窗，便可以知道外面的天气如何。

这样的报晓，有点像现代社会的天气预报服务。古代科技不发达，无法准确预测天气，不然的话，出现名副其实的天气预报服务也是毫不奇怪的。事实上，南宋杭州的市民生活，已经有点离不开报晓僧人的"天气早报"了。为什么呢？"盖报令诸百官听公上番虞候、上名衙兵等人，及诸司上番人知之，赶趁往诸处服役耳。"当值的公务员需要知道天气如何，好早做准备；一般市民也可以根据天气情况，安排日程。大概正因为"天气预报"对于都城市民生活的重要性，所以报晓者"虽风雨霜雪，不敢缺此"。

在这报晓声中，整个城市也从沉睡中醒来，宋朝都城的早市开始喧哗起来。东京开封，"诸门桥市井已开"；生肉作坊已宰杀好猪羊，"每人担猪羊及车子上市，动即百数"；入城卖麦面的农民，"用太平车或驴马驮之，从城外守门入城货卖，至天明不绝"；饭店"多点灯烛沽卖，每分不过二十文，并粥饭点心。亦间或有卖洗面水、煎点汤茶药者，直至天明"。

临安杭州，"御街铺店闻钟而起，卖早市点心，如煎白肠、羊鹅事件、糕、粥、血脏羹、羊血、粉羹之类"；还有"卖烧饼、蒸饼、糍糕、雪糕等点心者，以赶早市，直至饭前方罢"；"早市供膳诸色物件甚多，不能尽举，自内后门至观桥下，大街小巷，在在有之，有论晴雨霜雪皆然也"。

洗漱完毕（请记得刷牙哦，宋朝市民已有刷牙的习惯了，市场上也出现了贩卖牙刷的铺子），吃过早点之后，你还可以买一份新闻报纸，了解一下最近几天的朝野时政消息。——你没有听错，大约从北宋末开始，东京市场上已经出现了商品化的报纸，叫作"小报""新闻"。《靖康要录》载，"（开封）凌晨有卖朝报者"。这里的"朝报"并不是官方出版的邸报，因为邸报是免费发给各官府的报纸，不会进入市场。报贩子叫卖的"朝报"实际上应该是民间雕印与发行的"小报",只不过假托"朝报"之名而已。南宋时,杭州还设有专门的报摊,《西湖老人繁胜录》与《武林旧事》记录的杭州各类小本买卖中,都有"卖朝报"一项。

宋朝小报刊载的内容,多为"内探、省探、衙探"(爆料人)提供的时政消息,包括"撰造之命令,妄传之事端,朝廷之差除,台谏百官之章奏",还有"意见之撰造",相当于今日的报纸评论。由于民间小报反应迅速,"朝报未报之事,或是官员陈乞未曾施行之事,先传于外"。"人情喜新而好奇,皆以小报为先,而以朝报为常。"小报似未取得合法出版的资质,但宋朝城市的早市上,很容易买到小报。

上午·游园

如果遇上春季,天气又不错,我建议你上午先在京城的园林游玩一番。每年元宵节过后,东京汴梁城的市民都有游园探春的习惯:"上元收灯毕,都人争先出城探春,大抵都城左近,皆是园圃,百里之内,并无闲地,并纵游人赏玩。"你可以到哪些园林赏玩呢?《东京梦华录》给你提供了一份园林名单:玉津园、学方池亭榭、一丈佛园子、王太尉园、孟景初园、快活林、麦家园、王家园、东御苑、李驸马园、金明池、宴宾楼、集贤楼、莲花楼、下松园、王太宰园、蔡太师园、养种园、梁园、童太师园、庶人园，等等。

南宋临安的市民同样保留着"探春"的习俗，"仲春十五日为花朝节，浙间风俗，以为春序正中，百花争放之时，最堪游赏。都人皆往钱塘门外玉壶、古柳林、杨府、云洞，钱湖门外庆乐、小湖等园，嘉会门外包家山王保生、张太尉等园，玩赏奇花异木。最是包家山桃花盛开浑如锦幛，极为可爱"，包家山上"皆植桃花，都人春时游者无数，为城南之胜境也"。

我提醒你，这些宋朝的城市园林，不管是私人园林、寺观园林，还是皇家园林，这个季节都是对市民开放的。在宋朝，开放私家园林是一种社会习俗，定期开放皇家林苑则是一项朝廷制度。《汴京遗迹志》记录说："梁园、芳林园、玉津园、下松园、药朵园、养种园、一丈佛园、马季良园、景初园、奉灵园、灵禧园、同乐园，以上诸园，皆宋时都人游赏之所。"列出的园林，多数为北宋开封的皇家林苑，都向公众开放，任士庶游赏。比如说，同乐园，据后来金人的回忆，"南京（即宋之开封）同乐园，故宋龙德宫徽宗所修。其间楼观花石甚盛，每春三月花发，及五六月荷花开，官纵百姓观"。

在京城，你想出门游玩，交通也极便利。我们今日出个门，通常站在街边手一招，一辆出租车就停下来了。如果你在宋朝的话，则可以租马或者租马车，套用今日"出租车"的说法，不妨将这种用于出租的马称为"出租马"。《东京梦华录》说，

"寻常出街市干事，稍似路远倦行，逐坊巷桥市，自有假赁鞍马者，不过百钱"。开封的市民出个门，路程稍微远一点，都会租马代步。这也说明了东京城内出租脚力的服务业应该是比较发达的，租匹马还是挺方便的。即使是夜晚的二更时分，市间也有马出租。

顺便我再友情提醒一回：如果你穿越到北宋的东京，出行尽量不要乘坐轿子。因为北宋时，男人乘轿是一件并不怎么体面的事情，北宋的士大夫都不太喜欢乘坐轿子。朱熹说："南渡以前，士大夫皆不甚用轿，如王荆公（王安石）、伊川（程颐）皆云，'不以人代畜'。朝士皆乘马。或有老病，朝廷赐令乘轿，犹力辞后受。自南渡后至今，则无人不乘轿矣。"北宋士人之所以不愿意用轿，是因为他们认为，轿子"以人代畜"，乃是对人的尊严的侮辱。他们不允许自己将他人当成牲口来使用。后来宋室南渡，乘轿之风才渐渐盛行开来，原因可能是南宋的马匹太稀缺了。

如果你不认识路，那也不要紧，可以请导游。导游作为一种职业，最早可能就出现在宋代。南宋临安府有一群靠导游为业的市民，叫"闲人"，"能文、知书、写字、善音乐，今则百艺不通，专精陪侍涉富豪子弟郎君，游宴执役"，"专为探听妓家宾客，赶趁唱喏，买物供过，及游湖酒楼饮宴所在，以献香送欢为由，乞觅赡家财"。他们陪富家子弟"游宴执役"、替雇主打探游湖酒楼饮宴所在，以此"乞觅赡家财"。

宋朝京城还有一个叫"四司六局"的服务机构，也提供类似导游的服务，"欲就名园异馆、寺观亭台，或湖舫会宾，但指挥局分，立可办集，皆能如仪"。

当然，请导游需要花费一笔钱。如果你想节省一点，也可以自己买一份旅游地图。宋人将地图叫"地经""里程图"。杭州的白塔桥，就有向游人兜售地图的商店："驿路有白塔桥，印卖朝京里程图。士大夫往临安，必买以披阅。"有一首南宋题壁诗写道："白塔桥边卖地经，长亭短驿甚分明。如何只说临安路，不较中原有几程。"这首诗有讽刺南宋人歌舞升平、不思进取的意思，不过诗中透露了一个信息：宋朝的"地经"，确实已经比较接近旅游地图了，图上标注有临安的道路、里程和可供歇脚的旅店等，游客"按图索景"，很是方便。

中午·饮食

在园林景点玩了半天，你应该有点累了，肚子也饿了吧。找家酒店、饭店歇息一下吧，喝点酒，吃个饭。

宋朝是美食的黄金时代，今天任何一名厨师必须掌握的烹、烧、烤、炒、爆、熘、煮、炖、卤、蒸、腊等烹饪技术，正是在宋朝成熟起来的。因为宋代时，食物开始丰盛起来，人们有了更闲适的时间、更从容的心思来琢磨饮食，研究烹饪之道。北宋东京则是美食的天堂，有人统计过，《东京梦华录》共提到了一百多家店铺，其中酒楼和各种饮食店占了半数以上。《清明上河图》描绘了一百余栋楼宇房屋，其中可以明确认出是经营餐饮业的店铺有四五十栋，也差不多接近半数。所以，如果你穿越到北宋开封，不用操心吃的问题。

如果你身上的钞票足够多（在北宋后期，开封府已有钱引、会子等官私发行的纸钞流通，你出门可以不用带着笨重的铜钱），不妨寻个"高大上"的饭店酒楼吃喝。东京城里的豪华酒店都有很抢眼的装饰性广告，"其门首，以枋木及花样沓结缚如山棚，上挂半边猪羊，一带近里门面窗牖，皆朱绿五彩装饰，谓之'欢门'。每店各有厅院，东西廊庑，称呼坐次"。如果你走在东京的大街上，抬头望见高耸的彩楼欢门，那八成就是酒楼饭店了。

如果有机会，请一定要到樊楼见识一番大宋京城的繁华。"乃京师酒肆之甲，饮徒常千余人"，樊楼一天可接待一千多名客人，非常豪华。樊楼也是东京的地标性建筑，"三层相高，五楼相向，各有飞桥栏槛，明暗相通，珠帘绣额，灯烛晃耀"。因为樊楼太高，所以登上顶楼，便可以"下视禁中"，看到皇宫之内。

你一进酒楼饭店，马上就有人招呼座位、写菜，想吃什么，请随便点："客坐，则一人执箸纸，遍问坐客。都人侈纵，百端呼索，或热或冷，或温或整，或绝冷、精浇、膘浇之类，人人索唤不同。"这些饭店的菜品非常丰富，"角炙腰子、鹅鸭排蒸、荔枝腰子、还元腰子、烧臆子、入炉细项、莲花鸭签、酒炙肚胘、虚汁垂丝羊头、入炉羊、羊头签、鹅鸭签、鸡签、盘兔、炒兔、葱泼兔、假野狐、金丝肚羹、石肚羹、假炙獐、煎鹌子、生炒肺、炒蛤蜊、炒蟹、炸蟹、洗手蟹之类（这份菜谱，其实我还未抄完），不许一味有缺"。点菜后，很快就会上菜，"须臾，行菜者左手权三碗、右臂自手至肩驮叠约二十碗，散下尽合各人呼索，不容差错"。

饭店的服务也很周到，简直将顾客当上帝看待："凡下酒羹汤，任意索唤，虽十客各欲一味，亦自不妨。"饭店伙计若是服务不周，被客人投诉，则会受到店老板的叱责，或者被扣工资、炒鱿鱼，"一有差错，坐客白之主人，必加叱骂，或罚工价，甚者逐之"。高级的酒楼都使用珍贵的银器，"每楼各分小阁十余，酒器悉用银，以竞华侈""虽一人独饮，碗遂亦用银盂之类"，给你一种非常尊贵的消费体验。你还可以叫来歌妓弹唱佐酒，宋朝的大酒楼，通常都有陪酒的美艳歌妓："向晚灯烛荧煌，上下相照，浓妆妓女数百，聚于主廊檐面上，以待酒客呼唤，望之宛若神仙。"

不过，这里我要提醒，宋朝的饭店有一惯例。正式上菜之前，会先上几道"看菜"："酒未至，则先设看菜数碟，及举杯则又换细菜，如此屡易，愈出愈奇。"这"看菜"只供你观赏，只许看不许吃，大概是为了展示本店大厨的手艺吧。你要是对"看菜"动筷子,会被当成乡下人,被取笑"没见过世面"。

酒楼饭店当然会供应各个品牌的美酒佳酿,如樊楼有"眉寿酒"与"和旨酒",时楼有"碧光酒",和乐楼有"琼浆酒",遇仙楼有"玉液酒",中山园子店有"千日春",高阳店有"流霞酒""清风酒""玉髓酒",姜宅园子正店有"羊羔酒",梁宅园子正店有"美禄酒",杨皇后园子正店有"法清酒"……宋代可能已有了蒸馏酒的工艺,但高度白酒尚不多见。这些酒大致都是低度的糯米酒与果酒,请放心饮。

如果你不喝酒,叫杯饮料也是可以的。宋代的饮料叫"汤""熟水"。"熟水"相当于今日的广式凉茶,汤品则相当于今天的果汁饮料。宋朝笔记《事林广记》收录有制作果汁饮料的汤方:先将花果盐腌、晒干、烘焙、碾成细粉,然后装入器皿密封储存。招待客人时,再取出若干冲泡成饮料,有点像今日的速溶咖啡。如果在炎热的夏天,你还可以吃到爽口的冰镇冷饮。《东京梦华录》说,六月时节,巷陌路口、桥门市进都有人叫卖"甘草冰雪凉水、荔枝膏","皆用青布伞,当街列床凳堆垛。冰雪惟旧宋门外两家最盛,悉用银器"。这"甘草冰雪凉水"就是冰镇冷饮。

今人习惯在餐后享用几片水果。在宋朝高级酒楼的餐桌上,水果也是必备的,"凡酒店中不问何人,止两人对坐饮酒,亦须用注碗一副,盘盏两副,果菜碟各五片,水菜碗三五只",

"其果子菜蔬，无非精洁"。一般的饭店也都有水果供应。宋人夏天吃水果，还讲究用冰镇："房青子碧甘剥鲜，藕白条翠冰堆盆。嚼之清泠醒醉魂，犹可招邀慰文园。"

这么精致的宋朝饮食及服务，一定可以满足你吃货的心。

下午·休闲

下午的日程安排，我建议休闲一些。你可以在京城的茶坊喝喝下午茶，信步逛逛街。

宋时的城市，满大街都是茶坊、茶肆，就像今天城市中几乎每一个热闹处都会有咖啡厅一样。东京的朱雀门外，"以南东西两教坊，余皆居民或茶坊，街心市井，至夜尤盛"；在旧曹门街，"北山子茶坊，内有仙洞、仙桥，仕女往往夜游，吃茶于彼"。在杭州，"坊巷桥道，院落纵横"，"处处各有茶坊、酒肆"。我给你抄一串杭州茶坊的名字吧：潘节干茶坊、俞七郎茶坊、朱骷髅茶坊、郭四郎茶坊、张七相干茶坊、黄尖嘴蹴球茶坊、一窟鬼茶坊、车儿茶肆、蒋检阅茶肆。光看这些个性十足的茶坊招牌，你就会忍不住要进去坐坐吧？

有些茶坊还会邀请艺人献艺，以招徕顾客，如黄尖嘴蹴球茶坊内应该就有足球表演。又如洪迈在《夷坚志》中记载，乾道年间，宋人吕德卿偕其友前往杭州，"嘉会门外茶肆中坐，见幅纸用绯贴，尾云：'今晚讲说《汉书》'"。这家茶坊不但有说书节目，还张贴出了节目预告。就像今天的酒吧不是也会邀请歌手驻唱嘛！

在茶坊消磨一段休闲时光后，到东京的大相国寺逛逛也很有意思。大相国寺是出家人的寺院，"每月五次开放万姓交易"，又是东京城最大的商业交易中心，"中庭两庑可容万人，凡商旅交易，皆萃其中，四方趋京师以货物求售、转售他物者，必由于此"。

几乎什么东西都可以在大相国寺买到。不过作为一名穿越者，你应该去大相国寺"淘宝"。因此，你可以先到近佛殿，那里主要销售"赵文秀笔及潘谷墨"等，是个文化市场；"殿后资圣门前，皆书籍、玩好、图画及诸路罢任官员土物、香药之类"，也是文化市场。你可以淘到珍贵的书画及金石文物。

在这里，你也可能会遇到李清照与赵明诚夫妇。李、赵结婚后，小两口经常跑到大相国寺"淘宝"，乐而忘返。这段美好的时光成了李清照一生中最难忘的记忆，她后来写文章回忆说："余建中辛巳，始归赵氏。时先君作礼部员外郎，丞相时作礼部侍郎，侯年二十一，在太学作学生。赵、李族寒，素贫俭。每朔望谒告出，质衣，取半千钱，步入相国寺，市碑文、果实归，相对展玩咀嚼，自谓葛天氏之民也。后二年，出仕宦，便有饭蔬衣练、穷遐方绝域、尽天下古文奇字之志。"

最后再悄悄告诉你：大相国寺僧人的厨艺也非常高超，

"每遇斋会，凡饮食茶果，动使器皿，虽三五百分，莫不咄嗟而办"。大相国寺内还开有饭店，有一位叫作惠明的和尚，厨艺尤其高明，擅长烧猪肉，以至得了一个"烧猪院"的花名。到了大相国寺，可别忘记尝尝惠明和尚的烧猪肉手艺。

这么从容地接纳世俗生活、充满人间烟火气息的寺院，你怎能不去瞧瞧？

夜晚·逛夜市

夜幕四合，吃过晚餐之后（对了，寻常百姓一日三餐的饮食习惯，也是从宋朝开始形成的。宋朝之前，人们一日只吃两餐），宋朝城市的夜生活就开始了。

夜生活，并不是任何一个时代都有的。在夜禁制度森严的盛唐，普通市民就几乎没有夜生活。入夜之后，都是早早关灯、睡觉。直至到了宋代，夜禁之制被突破，城市中才彻夜灯火通明，笙歌不停。可以这么说，中国社会的繁华夜生活是从北宋开始的。

宋朝前期还保留着夜禁制度，不过禁夜的时间已经大大缩短了。唐朝的夜禁时间是从"昼漏尽"，击鼓六百下之后开始的，即一入夜就开始禁行人，至次日"五更三筹"结束。换算成现在的时间单位，大约从晚上7点至第二天凌晨4点为夜禁时段。宋初将夜禁的起始点推后到"三鼓"，约夜晚11点。那宋初的夜禁时间又结束于何时呢？从天禧元年（1017年）东京的官营卖炭场"以五鼓开场"可推知，开封的夜禁结束于五更，即凌晨3点左右。换言之，唐代的夜禁时间为9个小时，北宋初的夜禁时间只有4个小时。

北宋后期至南宋时期，即使夜禁制度仍然保留，也已松弛下来，甚至名存实亡。市民的夜生活不再受限制，城市出现了繁华的夜市。你如果在东京，便会看到，"夜市直至三更尽，才五更又复开张。如耍闹去处，通晓不绝"。京城有一条马行街，由于彻夜燃烧烛油，熏得整条街巷连蚊子都不见一只："天下苦蚊蚋，都城独马行街无蚊蚋。马行街者，京师夜市酒楼极繁盛处也。蚊蚋恶油，而马行人物嘈杂，灯光照天，每至四鼓罢，故永绝蚊蚋。"

你如果在杭州，也会发现"杭域大街，买卖昼夜不绝，夜交三四鼓，游人始稀；五鼓钟鸣，卖早市者又开店矣"。早市从凌晨五更开始，持续到深夜，"夜市除大内前外，诸处亦然，唯中瓦前最胜，扑卖奇巧器皿百色物件，与日间无异。其余坊巷市井，买卖关扑（赌博），酒楼歌馆，直至四鼓后方静，而五鼓朝马将动，其有趁买早市者，复起开门。无论四时皆然"。

你逛街走累了，可以找个地方坐下来，吃点美食，喝碗饮料。除了昼夜迎客的酒楼茶坊，宋朝夜市上还有各种饮食小摊，叫卖各色美食："夜市于大街有车担设浮铺，点茶汤以便游观之人";"又有沿街头盘叫卖姜豉、膘皮膆子、炙椒、酸㼏儿、羊脂韭饼、糟羊蹄、糟蟹,又有担架子卖香辣罐肺、香辣素粉羹、腊肉、细粉科头、姜虾……";"最是大街一两处面食店及市西坊西食面店,通宵买卖,交晓不绝。缘金吾(古时负责宵禁的官员)不禁,公私营干,夜食于此故也";"冬月虽大雨雪,亦有夜市盘卖"。

到瓦舍勾栏中观看表演,也是你度过一个愉快夜晚的好选择。瓦舍勾栏,是宋朝城市的娱乐中心。瓦舍之内,设有勾栏、乐棚,东京城内规模最大的瓦舍,内设"大小勾栏五十余座",而最大的勾栏"象棚",居然可容数千人。勾栏中日夜表演杂剧、滑稽戏、讲史、歌舞、傀儡戏、皮影戏、魔术、杂技、蹴鞠、相扑等娱乐节目,"夜点红纱栀子灯,鼓乐歌笑至三更乃罢"。北宋后期名动一时的艺人如丁仙现(比刘德华还红的演员)、张七圣(比刘谦还红的魔术师)等,也会到东京的瓦舍演出,相当于今天的大明星"走穴"。

瓦舍中不独有各种文娱表演,"又多有货药、卖卦、喝故衣(叫卖旧衣服)、探博(赌博)、饮食、剃剪纸画、令曲之类",煞是热闹。不管冬夏,无论风雨,瓦舍勾栏天天都有演出,有小买卖,"不以风雨寒暑,诸棚看人,日日如是"。

到瓦舍勾栏看表演,你需要掏一点钱,因为瓦舍勾栏的节目都是商业性演出,是要收费的。收费分两种方式:一种方式是收门票,先购票再进入勾栏观看节目。元曲《耍孩儿·庄家不识勾栏》就提到了勾栏的门票制："要了二百钱放过听咱，入得门上个木坡。"另一种收费方式是免费入场，但在表演之前会有专人向现场观众"讨赏钱"。徐渭《南词叙录》记载说，"宋人凡句（勾）栏未出，一老者先出，夸说大意，以求赏"。为了招徕观众，勾栏还会张挂"招子"，写明演员名字与献演节目，跟今日剧院贴海报做广告没有什么区别。

待到瓦舍勾栏歇息，应该是深夜三更了。你该叫一匹"出租马"，回客店休息了。回去的路上，你可以思量思量：宋朝的城市生活，是不是值得你继续逗留下去。

跟着宋人去旅游

要是遇上长假，或者有了闲暇，你可能会首选出门旅游去。这是今天许多人的生活方式。宋朝人也喜欢出游。宋朝之前，旅游只是一小部分人的需要，到了宋朝，随着市民社会的形成，旅游成了寻常市民的时尚。有四个地方，是两宋时期最热闹的旅游胜地，如果你穿越到宋朝，这四个地方是必须要去体验体验的。否则你就白穿越了。

一、开封：金明池观水戏

金明池是北宋的皇家林苑，位于东京顺天门外。此处皇家林苑是对外开放的，每年的三月初一至四月初八，都会准时"开池"，任士庶游玩。你若穿越到宋朝，一定要去皇家园林金明池玩玩。

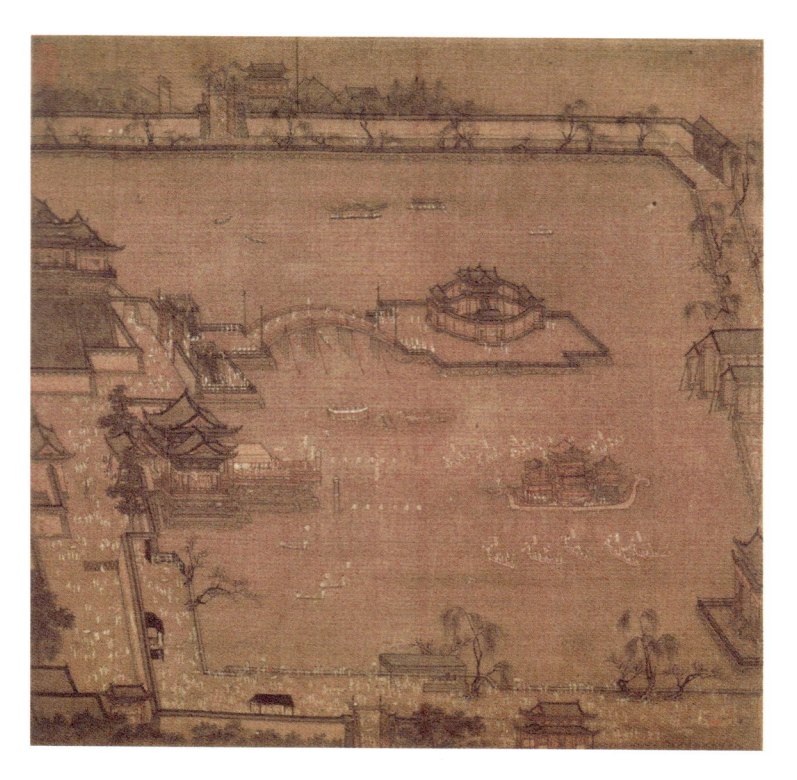

北宋画家张择端绘制的《金明池争标图》

而游金明池,一定要看水戏表演,包括水战、诸师百戏、水傀儡、水秋千、龙舟夺标赛。水战类似于水上军事演习,生活于北宋末、南宋初的士人袁褧回忆说:"余少从家大夫观金明池水战,见船舫回旋,戈甲照耀,为之目动心骇。"诸师百戏则是水师士兵表演的杂技与竞技节目,"如大旗、狮豹、掉刀、蛮牌、神鬼、杂剧之类"。

"水傀儡"是水上木偶戏。宋代的木偶戏技术非常高明，艺人可以控制木偶在池上划船、钓鱼、踢球、舞蹈。《东京梦华录》中描述："有一小船，上结小彩楼，下有三小门，如傀儡棚，正对水中……彩棚中门开，出小木偶人，小船子上有一白衣人垂钓，后有小童举棹划船，辽绕数回，作语，乐作，钓出活小鱼一枚，又作乐，小船入棚。继有木偶筑球舞旋之类，亦各念致语，唱和，乐作而已。"

"水秋千"有点像今天的花样跳水："又有两画船，上立秋千，船尾百戏人上竿，左右军院虞候监教，鼓笛相和。又一人上蹴秋千，将平架，筋斗掷身入水。"

最精彩的是龙舟争标赛。由小龙船二十只、虎头船十只、飞鱼船二只、鳅鱼船二只展开花色表演与夺标竞赛："所谓小龙列于水殿前，东西相向；虎头、飞鱼等船，布在其后，如两阵之势。须臾，水殿前水棚上一军校以红旗招之，龙船各鸣锣鼓出阵，划棹旋转，共为圆阵，谓之'旋罗'。水殿前又以旗招之，其船分而为二，各圆阵，谓之'海眼'。又以旗招之，两队船相交互，谓之'交头'。又以旗招之，则诸船皆列五殿之东面，对水殿排成行列，则有小舟一军校执一竿，上挂以锦彩银碗类，谓之'标竿'，插在近殿水中。又见旗招之，则两行舟鸣鼓并进，捷者得标，则山呼拜舞。"

还有一种大龙船,"约长三四十丈,阔三四丈,头尾鳞鬣,皆雕镂金饰",上有亭台楼阁,"设御座龙水屏风","龙头上人舞旗,左右水棚,排列六桨,宛若飞腾"。皇帝坐在大龙舟上,加入水戏表演。许多宋朝市民到金明池,就是为了看大龙舟:"每遇大龙船出,及御马池,则游人增倍矣。"如果你在金明池游览,说不定也有机会一睹宋朝天子的真容。

二、成都:月月宴饮游乐

大家都知道,成都人讲求生活之闲适,喜宴游玩乐。这种风气由来已久,元代《岁华纪丽谱》载:"(宋时)成都游赏之盛,甲于西蜀。盖地大物繁,而俗好娱乐。"别的地方,旅游潮通常都是季节性的,只有成都人一年四季都在找理由出门游玩。《岁华纪丽谱》收录有宋朝成都人从正月初一到冬至日的"游乐路线图":

正月元日,"郡人晓持小彩幡,游安福寺塔";五日,游蚕市,门外张宴;上元节,"放灯三夜,自是岁以为常,十四、十五、十六三日,皆早宴大慈寺,晚宴五门楼,甲夜观山棚变灯"。

二月二日,踏青节,"郡人游赏,散在四郊"。太守又组织"大游江"活动,"士女骈集,观者如堵"。

南宋画家（佚名）绘制的《湖亭游览图》

三月三日，游览学射山；寒食节前后，官府开放郡圃"西楼亭榭，俾士庶游观"。

四月十九日，"至百花潭，观水嬉竞渡。官舫民船，乘流上下。或幕帘水滨，以事游赏，最为出郊之胜"。

六月，初伏、中伏、末伏之日，"会府县官，皆就江渎庙设厅"，"早宴罢，泛舟池中，复出就厅晚宴。观者临池张饮，尽日为乐"。

七月七日,"晚宴大慈寺设厅,暮登寺门楼,观锦江夜市,乞巧之物皆备焉"。

八月十五日,"中秋玩月。旧宴于西楼,望月于锦亭,今宴于大慈寺"。

九月九日,游药市,"官为幕帘棚屋,以事游观"。

冬至节,"宴于大慈寺。后一日,早宴金绳寺,晚宴大慈寺"。

一位宋朝文人也记录了成都人倾城出游浣花溪的盛况:"成都之俗,以游乐相尚,而浣花为特盛。每岁孟夏十有九日,都人士女,丽服靓妆,南出锦官门,稍折而东,行十里入梵安寺,罗拜冀国夫人祠下,退游杜子美故宅,遂泛舟浣花溪之百花潭,因名'其游与其日'。凡为是游者,架舟如屋,饰彩绘,连樯衔尾,荡漾波间,箫鼓弦歌,喧闹而作。其不能具舟者,依岸结棚,上下数里,以阅舟之往来。成都之人,于他游观或不能皆出,至浣花则倾城皆往,里巷阒然。自旁郡观者,虽负贩刍荛之人,至相与称贷,易资为一饱之具,以从事穷日之游。府尹亦为之至潭上置酒高会,设水戏竞渡,尽众人之乐而后返。"这样的旅游热情,恐怕除了宋朝的成都,再找不出第二处了。

成都每个月都有大型集市:正月灯市,二月花市,三月蚕市,四月锦市,五月扇市,六月香市,七月宝市,八月桂市,九月药市,十月酒市,十一月梅市,十二月桃符市。这些定期的集市，实际上也演变成市民出游玩乐的狂欢节。比如三月蚕市，一位宋朝诗人写道："成都好，蚕市趁遨游。夜放笙歌喧紫陌，春邀灯火上红楼，车马溢瀛洲。　人散后，茧馆喜绸缪。柳叶已绕烟黛细，桑条何似玉纤柔。立马看风流。"你看，分明就是一个"蚕丝文化旅游节"嘛。

成都人爱游玩，这一生活方式还受到官府的支持与鼓励。宋真宗时，曾有一名好事的官员上书皇帝，称"川、峡每春，州县聚游人货药，谓之药市，望令禁止之"。宋真宗说："远方各从其俗，不可禁也。"不但不禁，成都的官府还定期组织市民游乐，并为市民的出游提供各种便利："凡太守岁时宴集，骑从杂沓，车服鲜华，倡优鼓吹，出入拥导，四方奇技，幻怪百变，序进于前，以从民乐。岁率有期，谓之故事。"每年春天，开放衙署园林，让百姓观赏，并在药市设置幕帘棚屋，供人观赏游览。

如果你穿越到宋朝，一定要去蜀地，看看成都人是怎么玩转一年四季十二个月的。

三、洛阳：游名园赏名花

西京洛阳你也不应该错过。宋朝的洛阳，有两大名物最为出众：一是名园，一是牡丹。

宋人说，"洛阳古帝都，其人习于汉唐衣冠之遗俗，居家治园池，筑台榭，植草木，以为岁时游观之好"，"贵家巨室园囿亭观之盛，实甲天下"。那么，洛阳到底有多少家园林呢？李格非（他是李清照的父亲）在他的《书洛阳名园记后》提到，"方唐贞观、开元之间，公卿贵戚开馆列第于东都者，号千有余邸"。唐时洛阳的园林多达千余家，后多数毁于五代战火，北宋时有所修复，名园仍数以百计。曾在洛阳小住过的宋人周叙自述说："甲第名园百，未游其十数；奇花异卉十，未睹其四五。"

李格非的《洛阳名园记》记述了19处名园：富郑公园、董氏西园、董氏东园、环溪、刘氏园、丛春园、天王院花园子、归仁园、苗帅园、赵韩王园、李氏仁丰园、松岛、东园、紫金台张氏园、水北胡氏园、大字寺园、独乐园、湖园、吕文穆园。这些洛阳名园基本上都是私家园林。不过，宋代的私家园林有一个惯例：长年或定期向外人开放。开放期间，任何人都可以进入游赏："都人士女载酒争出，择园亭胜地，上下池台间引满歌呼，不复问其主人。抵暮游花市，以筠笼卖花，虽贫者亦戴花饮酒相乐。"所以，你不用担心会被主人赶出私家园林。

这些私家园林一般也不收门票。如果你觉得白游白玩有点不好意思，当然也可以给看门的看园子一点茶汤钱，不论多少，随喜。司马光在洛阳有一处园林，取名"独乐园"，其实不如叫"众乐园",因为这个园林也是对公众开放的。独乐园的看园子叫吕直,"性愚而鲠"。"夏月游人入园,微有所得",积至十贯时,吕直便拿着这笔钱去见司马光。因为按洛阳例规,看园子所得茶汤钱,闭园日要与主人平分。但司马光坚决不要钱。过了一段时间,司马光在园中见到一个新修建的井亭,问看园子,才知道他用那十贯钱修了一个亭子。

在洛阳,除了游名园,还可赏名花。洛阳之俗,大抵好花。《洛阳名园记》中的天王院花园子就是一个牡丹园:"凡园皆植牡丹,而独名此曰'花园子',盖无他池亭,独有牡丹数十万本。皆城中赖花以生者,毕家于此。至花时,张幙幄,列市肆,管弦其中。"

洛阳最名贵的牡丹品种是"姚黄","号为花王。城中每岁不过开三数朵,都人士女必倾城往观。乡人扶老携幼,不远千里,其为时所贵重如此"。外地的游客,在花开的季节,居然不远千里,前往洛阳看牡丹。要知道,那个时代可没有汽车,没有高铁,多不容易啊。

有些种花的人家,趁着洛阳人好花的风俗,赚了不少钱。洛阳魏家花园,栽有一种叫"千叶肉红花"的牡丹,十分稀有。"此花初出时,人有欲阅者,人税十数钱,乃得登舟渡池至花所,魏氏日收十数缗。"一天能收十几贯钱。

你要是到了宋朝的洛阳,别忘了观赏牡丹花。

四、杭州:钱塘江观潮

中秋节过后,如果你在杭州,不能不去钱塘江观潮。宋人说:"浙江之潮,天下之伟观也,自既望以至十八日为最盛。"怎么个壮观法?来看宋人的描写:"方其远出海门,仅如银线。既而渐近,则玉城雪岭,际天而来,大声如雷霆,震撼激射,吞天沃日,势极雄豪。"

这是大自然的造化。而更震撼人心的,是弄潮儿对大自然这一造化的挑战:"吴儿善泅者数百,皆披发文身,手持十幅大彩旗,争先鼓勇,溯迎而上,出没于鲸波万仞中,腾身百变,而旗尾略不沾湿,以此夸能。"钱塘弄潮的挑战性、刺激性,无疑都远远超过今日的风帆赛。危险性也非常高,弄潮人"时或沉溺,精魂永沦于泉下,妻孥望哭于水滨"。因此,北宋治平年间,杭州太守蔡襄发布了一道《戒约弄潮文》,禁止弄潮。"然亦不能遏也。"

整个两宋时期,杭州的弄潮之风盛行。"弄潮之人,率常先一月,立帜通衢,书其名氏以自表。市井之人相与裒金帛张饮,其至观潮日会江上,视登潮之高下者,次第给与之。"弄潮成了一种商业化的表演,想观看弄潮的市民,要预先给弄潮人支付酬金。

南宋画家李嵩绘制的《月夜看潮图》

"潮至海门,与山争势,其声震地。弄潮之人,解衣露体,各执其物,塞旗张盖,吹笛鸣钲,若无所挟持,徒手而附者,以次成列。潮益近,声益震,前驱如山,绝江而上,观者震掉不自禁。弄潮之人,方且贾勇争进,有一跃而登,出乎众人之上者;有随波逐流,与之上下者。"

表演结束之后,还有豪民贵宦给弄潮人颁奖:"潮退策勋（颁奖），一跃而登、出乎众人之上者，率常醉饱自得，且厚持金帛以归，志气扬扬，市井之人甚宠善之；其随波上下者，亦以次受金帛饮食之赏。"

八月十八日这天，官府还在钱塘江上举办军事演习："每岁京尹出浙江亭教阅水军，艨艟数百，分列两岸，既而尽奔腾分合五阵之势，并有乘骑弄旗、标枪舞刀于水面者，如履平地。倏尔黄烟四起，人物略不相睹，水爆轰震，声如崩山。"军事演习会模拟两军展开水战："舟楫分布左右，旗帜满船，上等舞枪飞箭，分列交战，试炮放烟，捷追敌舟，火箭群下，烧毁成功，鸣锣放教。"等到演习结束，"烟消波静，则一舸无迹，仅有'敌船'为火所焚，随波而逝"。

这钱塘江上的水战，比开封金明池的水战更加壮观、震撼。少年时观看过金明池水战的袁褧，为之目动心骇，在后来看了钱塘江水战之后，却说："比见钱塘水军戈船飞递，迎弄江涛，出没聚散，欻忽如神，令人汗下，以为金门池事故如儿戏耳。"

钱塘江既有夺天地之造化的自然奇观，也有向大自然之力挑战的弄潮与水战，因此，"每岁八月内，潮怒胜于常时，都人自十一日起，便有观者，至十六、十八日倾城而出，车马纷纷，十八日最为繁盛"。这一天，"十余里间，珠翠罗绮溢目，车马塞途，饮食百物皆倍穹常时，而僦赁看幕，虽席地而不容间也"。

钱塘江潮如今还如期汹涌而来,但宋朝时那种弄潮竞胜与水战表演的壮观场面则不复见于后世。如果你穿越到宋朝,八月十八日怎可不去钱塘江观一回潮?

宋朝旅店的 BBS

假如你出门在外,又是孤身一人,黄昏时候,在陌生的城市投宿客店,看着窗外暮色四合,他乡的万家灯火逐渐亮起,你也许会感觉到一种惆怅与寂寞慢慢地爬上心头,弥漫开来。这个时候,你会掏出手机,打开电脑,上网,发帖,发微博,发微信朋友圈吗?漫漫长夜,你需要消磨时光,排遣旅途中的寂寞。

遥想一千年前的孤独旅人,人在客栈旅店,没有手机,没有电脑,没有互联网,没有微博与朋友圈,又当如何排遣愁绪?唐宋时代流行的方式,是在旅舍驿馆的墙壁上留言寄情——通常都是以诗歌的形式。全然不似今天的公厕壁板上,全是见不得人的粗鄙文字。诗歌用字洗练,信息容量大,最宜壁上遣怀。因此,唐宋的旅店,墙壁多有"题壁诗",有些驿站还专门设置了一些"诗板",专供旅人题诗。

想来那时候的诗壁,就类似于网络时代的 BBS 吧,那些

"题壁诗"就如网络上的帖子。

题诗

北宋宣和年间,有一名叫"幼卿"的女子,投宿陕府驿馆,在驿壁上留下了一首《浪淘沙》:"目送楚云空,前事无踪。漫留遗恨锁眉峰。自是荷花开较晚,孤负东风。 客馆叹飘蓬,聚散匆匆。扬鞭那忍骤花骢。望断斜阳人不见,满袖啼红。"读来令人柔肠寸断。

原来,幼卿自幼与表兄同窗读书,意趣相投,暗生情愫。幼卿未及笄之龄,表兄便托人前来求婚。但幼卿父亲以其表兄未有功名为由,婉拒了这门亲事。第二年,表兄参加科考,取得甲科成绩,赴洮房任职。此时幼卿已另嫁他人,丈夫是武职,统兵陕右,幼卿随丈夫赴陕,寄宿于驿馆,恰好遇到了阔别的表兄。昔日青梅竹马的情侣,如今却形同陌路,表兄策马而过,只当没有看到她,不知是否因为以前求婚未成而耿耿于怀。幼卿心中感伤,因作《浪淘沙》以寄情。这首《浪淘沙》后来被多名宋朝人收录进笔记中,流传了下来。

幼卿,不过是浩瀚历史中一名不知姓氏的平凡女子,茫茫人海中毫不起眼的匆匆过客,历史不会记得她。如果不是她在驿壁上留下了一首感怀的小词,并在小序中说明了题词的因由,我们今天不可能知道历史上曾经有过这么一个为情所伤的小女子，也不可能知道她遇到了这么一段无疾而终、令人感伤的爱情。

有人在旅馆诗壁上寄托儿女情长，也有人题壁感叹英雄气短。我们从初中语文课本上读到的那首《题临安邸》："山外青山楼外楼，西湖歌舞几时休？暖风熏得游人醉，直把杭州作汴州。"便是一首题在南宋杭州邸店（客店旅馆）墙壁上的七绝。诗的内容颇有讽刺南宋朝廷只顾歌舞升平、不知进取中原故土的意味。诗人胆子也大，毫无顾忌地留下了自己的大名，只是笔迹龙飞凤舞的，不易辨认。收录此诗的存世版本，多将作者写成淳熙年间的士人"林升"。《西湖游览志馀》载，"绍兴、淳熙之间，颇称康裕，君相纵逸，耽乐湖山，无复新亭之泪。士人林升者，题一绝于旅邸"。但也有人考证，"升"字实为"外"字之误，作者其实是"林外"。

不管这首题壁诗的作者到底为谁，毕竟诗人是留下了姓名的。敢于公开发表政治讽刺诗，并署名，可见当时尽管"君相纵逸"，但舆论环境还是比较宽松的。

北宋大中祥符年间，又有一个不知姓名的小官员，投宿驿舍。大概是更深人静之时，感怀世道不公，辗转难眠，便在墙壁上题下了一首小诗，遣发牢骚："三班奉职实堪悲，卑贱孤寒即可知。七百料钱何日富，半斤羊肉几时肥？""三班奉职"是宋朝的低级官职，薪俸极低，月薪"七百（文），驿券肉半斤"，所以这名小官员才有"七百料钱何日富，半斤羊肉几时肥"的感叹。这首诗后来不知何故流传开来，并传入了朝廷。宋真宗说："如此，何以责廉？"于是下诏给"三班奉职"增加工资。

和诗

有人在旅馆墙壁题诗，当然也会有人在诗壁上寻诗来读。旅途寂寞，孤枕难眠，不如起身掌灯，寻看诗壁上的留言，倘若能读到一二首好诗，也是羁旅中的一大乐事。所以周邦彦说："下马先寻题壁字，出门闲记榜村名。"对此我深有感触，每次出远门，乘坐长途汽车，途中下车方便，常常以浏览公厕壁板上的留言为乐。

有时候，重游旧地，恰好读到多年前自己留下的题诗，或者在一个陌生的地方，突然发现友人的作品，更是别有一般滋味在心头。陆游的《客怀》诗中说："道左忽逢曾宿驿，壁间闲看旧留题。"写的便是自己旧地重游、重读旧作的感怀。北宋的孔平仲说："驿舍萧然无与语，远墙闲觅故人题。"这是说诗人旅途寂寥，只好在驿舍的诗壁上觅读故人的诗作来消磨时光，重温记忆。

有时候，羁旅寂寞之际，读到那些题壁诗，还会忍不住取来笔墨，和诗相应，有点类似于我们现在的"跟帖"。那时候最容易引发"跟帖"的题壁诗，似乎是女子所题的诗词。

南宋人周辉，常年出门旅行，在邮亭客舍歇息时，便以"观壁间题字"为乐。他在常山道的一间旅馆中，读到了一首格调暧昧的小诗："迢递投前店，飕飗守破窗。一灯明复暗，顾影不成双。"诗末署名为"女郎张惠卿"。后来周辉回程，又投宿于此店，发现"女郎张惠卿"的那首诗，已经成了"热门帖子"，和诗"已满壁"，"跟帖"挤满了整面诗壁。

衢州、信州之间，有一驿馆，名为"彡溪"。周辉在这个"彡溪"驿的墙壁上，也读到了一首似乎是过路女子所题的诗："溪驿旧名彡，烟光满翠岚。须知今夜好，宿处是江南。"署名为"鲍娘"。诗的意思还是有点暧昧。诗后居然有当过枢密使的蒋颖叔的"跟帖"："尽日行荒径，全家出瘴岚。鲍娘诗句好，今夜宿江南。"周辉可能是觉得以蒋大人的身份，和妇人调情和诗，有点失身份，所以又替他辩解说："颖叔岂固欲和妇人女子之诗，特北归读此句，有当于心，戏次其韵以志喜耳。"

其实，宋朝大诗人在女性题壁诗下面"跟帖"和诗，并不罕见，也不丢人。辛弃疾写过一首《减字木兰花》，其小序曰："长沙道中，壁上有妇人题字，若有恨者，用其意为赋。"也就是说，辛弃疾在长沙道的客店中读到妇人题诗，为诗中情感所触动，便和了这首《减字木兰花》。

"跟帖"最多的一份宋代"帖子"，是一位无名女子题写在信州彡溪驿舍墙壁上的生前留言。这位女子出身于士族，遵父母之命，嫁给"三班奉职"鹿生之子。鹿生极势利，捞到官职后，急着带着家人赴任。儿媳刚分娩三天，也被赶着上路，途中因劳累奔波，病倒于彡溪驿舍，奄奄一息。临终前，她将自己的不幸遭遇，题写在驿壁上："具逼迫苦楚之状，恨父母远，无地赴诉。"言极哀切，颇有辞藻，读者无不感伤。

后来投宿此处的游客，读到这一题壁词，"多为之愤激，为诗以吊之者百余篇"，都为此女子鸣不平，并无一人为鹿生辩护。可见当时的主流舆论并不认为一个官员不顾家人死活急着赴任是一种"大公无私"之类的美德。

有好事的游客，还将鹿生的身份查了出来——大概类似于今天的"人肉搜索"吧——原来，此人乃是宰相夏竦的家奴。人们"恶其贪忍，故斥为'鹿奴'"。又有人将众人凭吊女子的诗词收录下来，编成一个集子出版发行。这本诗集，名为《鹿奴诗》。

舌尖上的宋朝

在中国饮食史上，两宋是一个历史性的转折期，中国人的食物开始从匮乏向丰盛过渡。良种水稻的引进、农田的开发、精心育种以及深耕细作技术的推广，让人们从大自然获得了更丰厚的馈赠。在北回归线附近温暖的阳光下，农作物创造出了更丰富的食材，并通过发达的市场网络输送到各地。平民的饮食习惯在这个时期从二餐制演变成三餐制。

摆脱了饥饿威胁的人们有了更闲适的时间、更从容的心思来琢磨饮食，研究烹饪之道，发明各种美食，以满足舌尖上的享受。现在我们能够品尝到的火腿、东坡肉、涮火锅、刺身（宋人称为"脍"）、油条、汤圆、爆米花、各式糕点等美食与小吃，也是发明或流行于宋朝。

北宋赵佶（宋徽宗）《文会图》（局部）中的宴会美食

一

湖北黄州，在11世纪还是一个"蛮荒之地"。"一肚子不合时宜"的苏轼在这里度过了他一生中的第一个低潮期。因为"乌台诗案"，他被贬到黄州当团练副使，一个低微而没有多少实权的闲职。但这位乐天派的诗人决心从平淡的生活中找出人生的乐趣。品尝一次美食，显然可以让黯淡的世俗生活焕发出舒心的光彩。

东坡肉，中国人食谱上最常见的一道菜式，以味醇汁浓、肥而不腻、入口香糯而让吃货们食指大动。今天的人们相信，这种成功地将油腻的猪肉转化为醇厚美味的烹饪技术，正是苏轼在黄州发明的。东坡，是黄州的一块撂荒旧营地，苏轼在这里开荒耕种，亲近自然，自号"东坡居士"。

宋朝的黄州人，尚不知道经过神奇的烹调，一块普通的猪肉在火与酒的复杂作用下，可以散发出诱人的美味。"黄州好猪肉，价贱如粪土。富者不肯吃，贫者不解煮。"在生性嗜好猪肉的美食家苏轼看来，这无异于暴殄天物。

东坡肉的做法，说来并不复杂：将肥瘦相间的猪肉切成一寸许的方块，加入酒、酱油腌渍，装进陶钵，再加少许水，在炭炉上文火慢炖。经过文火长时间煮炖，肥肉中的饱和脂肪酸将减少30%~50%，胆固醇将减少50%~60%，火的洗礼不但让食物更美味，也更健康。对东坡肉的制作来说，火候很重要。苏轼用一首《食猪肉诗》来说明烹制东坡肉的关键："慢着火，少着水，火候足时他自美。每日起来打一碗，饱得自家君莫管。"在黄州寂寞的岁月里，每天一碗东坡肉，将诗人的"一肚子不合时宜"替换成"一肚子美味"，人生和胃都获得了充实。

后来的美食家根据各自的厨房经验与味觉偏好，改良并丰富了制作猪肉的工艺，比如将明朝才开始传入中国的辣椒用于调味。但关键的烹调步骤，还是遵循苏轼的指导。

火腿，另一种取材于家猪的中式美味，相传也是苏轼发明的。不管此说真伪如何，但"火腿"一词确实产生于北宋，苏轼也制作过火腿："火腿用猪胰二个同煮，油尽去……藏火腿于谷内，数十年不油。一云谷糠。"在漫长的腌制与贮藏过程中，神秘的微生物将猪肉中的蛋白质分解，转化出独特而美妙的味道，吃起来比新鲜的肉类更具风味。

宋人无疑已经掌握了这种通过微生物发酵将食物变得更加美味的技术，这类食物宋人称为"鲊"。鲜鱼、虾蟹、鸡鸭、雀鸟、鹅掌，都可腌制成鲊。将食材洗净，拭干，注意不可留有水渍，用盐、糖、酱油、椒、姜葱丝等制成调料，然后将食材装入坛内，装一层食材，铺一层调料。装实，盖好。待坛中腌出卤水，倒掉卤水，加入米酒，密封贮藏，便可以耐心等待微生物与时间的合作，在黑暗中静静地酝酿出鲊的美味了。东坡脯，又一种以东坡命名、向苏轼致敬的食物，是一种用鱼腌制而成的鲊。

二

刚好比苏轼晚生了一百年的南宋人林洪，是宋朝的另一位美食家。他自称是"梅妻鹤子"的北宋隐士林和靖七世孙，但与和靖先生寡淡的生活方式不同，林洪热衷于舌尖上的探险，曾流连于山野寻访美味的食材。《山家清供》是林洪记录美食的著作，书中收录了各种以山野所产野菜、蕈菌、水果、动物为原料的食物，并介绍了这些山野美食的用料与烹制方法。

在人与自然和谐相处的时代，丰富的山珍野味是大自然给予人类的慷慨馈赠。林洪曾经在冬季的武夷山内，捕获了一只肥美的野兔，但山中没有厨师，林洪不知以什么烹饪方式来处理大自然的这份馈赠。一位老食客告诉他："山间只用薄枇，酒、酱、椒料沃之。以风炉安座上、用水少半铫，候汤响，一杯后，各分以箸，令自夹入汤摆熟啖之，乃随意各以汁供。"用筷子夹着切成薄片的野兔肉，在热气蒸腾的汤水中一撩拨，马上变出云霞一般的色泽，再蘸上由"酒酱椒料"制成的调味汁水，入口一咬，一种更鲜美泼辣的味道立即便激活了味蕾。

林洪将这种烹饪方式命名为"拨霞供"。随后"拨霞供"从山野间传入市井，人们从中得到了创造美食的灵感，将"涮"字诀广泛应用于餐桌之上，不独兔肉，其他肉片与菜蔬均可一涮而熟，蘸酱食之。此法传至今天，人们称为"涮火锅"。

林洪还在他的《山家清供》中记录了豆芽的制法："以水浸黑豆，曝之，及芽，以糠秕置盆内，铺沙植豆，用板压。及长，则复以桶，晓则晒之，欲其齐而不为风日损也……越三日，出之，洗焯，以油、盐、苦酒、香料可为茹，卷以麻饼尤佳。色浅黄，名'鹅黄豆生'。"宋人的菜谱中，黄豆、绿豆、豌豆、芽蚕、赤豆均可发成豆芽食用。

在人类的饮食史上，中国人曾经以天才的烹饪技术，从单调的豆类食材中开发出变幻莫测的美食，从豆浆到豆腐，从腐乳到腐竹，大豆中富含的植物性蛋白，通过一系列物理性与化学性的反应，变成了各种形态与不同口感的美味。豆芽是中国人对饮食的另一种天才性发明。一粒晒干的豆子，几乎不含维生素C，但它发芽之后，豆中的淀粉就会水解成葡萄糖，并合成维生素C。

人体如果缺乏维生素C，极容易发生坏血病。西方的大航海时期，曾长期被坏血病困扰，无数水手死于坏血病。15世纪末，葡萄牙航海家达·伽马开辟了从西欧直达印度的新航线，但他的船员有一大半都因为得了坏血病而葬身大海。当时的人们还不知道这是严重缺乏维生素C所导致的，不过发现食用水果与蔬菜可以使坏血病人得到恢复。然而，在长时间的航海过程中，水果与蔬菜很难贮存于船上。所以西方的早期航海家一直没有办法克服坏血病。而中国的海商与水手，长年累月出没于风波里，却很少得坏血病。后来人们发现，原来中国人带着绿豆出海，随时都可以将豆子发成豆芽，从而得以补充到充足的维生素C。

三

中国人很早就在北方种植麦子，在南方种植水稻，依靠黄河流域与长江流域的肥沃土地、上天恩赐的阳光雨露，以及自己的勤劳与智慧，发展出遥遥领先于世界的农耕文明。但在很长的时间内，麦面与大米只是充当满足人们口腹之需的主食。两宋时期，随着农作物产量的增加，人们的饮食需求开始从胃的低层次上升到舌尖的高层次，麦面与大米逐渐被开发成口味更加丰富的风味小吃。

用面粉制成的食物，宋人习惯称为"饼"，烤制而成的叫"烧饼"；水煮而成的叫"汤饼"，即今人熟悉的面条；蒸熟的叫"蒸饼"（后为避宋仁宗赵祯之名讳，改称"炊饼"），今天我们称为馒头、包子。宋朝的面食点心花样繁多，面条类有晻生软羊面、桐皮面、盐煎面、鸡丝面、插肉面、三鲜面、蝴蝶面、笋拨肉面、子料浇虾臊面……馒头、包子类有羊肉馒头、笋肉馒头、鱼肉馒头、蟹肉馒头、糖肉馒头、裹蒸馒头、菠菜果子馒头、杂色煎花馒头……烧饼类有千层饼、月饼、炙焦金花饼、乳饼、菜饼、胡饼、牡丹饼、芙蓉饼、熟肉饼、菊花饼、梅花饼、糖饼……

油条，一种利用油炸的高温将面团迅速膨大的小吃，相传产生于南宋。它的诞生，跟宋人对一个奸臣的痛恨情绪有关。秦桧，南宋的主和派宰相，以"莫须有"的罪名杀害了抗金名将岳飞。宋人以一种特殊的烹饪方式对此表达义愤：用两根面条捏在一块儿，象征秦桧与其夫人王氏，再放入滚油中炸，借此解恨，所以油条又称"油炸桧"。从庖丁解牛，到油炸桧，饮食之于中国人，从来就富含情感，蕴藏着人们对于人生的顿悟，对于人间的爱憎。

大米也不仅仅是用于果腹的主食，宋人还用它来制作各式糕点：糖糕、花糕、蜜糕、糍糕、蜂糖糕、雪糕、彩糕、栗糕、麦糕、豆糕、小蒸甑糕、重阳糕……著名的苏式点心，好以桂花、玫瑰调香，口味香甜，在两宋时期已经形成流派。

汤圆，这种用糯米包裹上糖馅煮熟的甜点，也发明于宋朝。南宋词人姜白石有一首诗写道："元宵争看采莲船，宝马香车拾坠钿；风雨夜深人散尽，孤灯犹唤卖汤元（汤圆）。"宋人用吃汤圆的方式，含蓄地寄托情思，期待与亲人团圆相聚。今天有些讲究的人在过元宵节的时候，还会象征性地煮几颗汤圆吃，延续着习俗包含的美好祝愿。

对中国人来说，饮食是口腹之欲，是舌尖享受，更是生活态度。处于人生低谷，却能陶醉于做一道菜，这是苏轼的生活态度。流连于山野雪地，只为寻找美味与烹饪的秘密，这是林洪的生活态度。

以历史的眼光来看，就如一个人每天都需要从食物中摄取热量，以维持人体的新陈代谢，饮食也提供了历史推进的驱动力。人类社会的文明，正是从我们的祖先学会生火烧熟食物开始的。两宋时期，中国人的饮食发生了一场静悄悄的革命，美国汉学家安德森在他的《中国食物》中描述说："中国伟大的烹调法也产生于宋朝。唐朝食物很简朴，但到宋朝晚期，一种具有地方特色的精致烹调法已被充分确证。"1998年，美国《生活杂志》曾评选出这一千年来影响人类生活最深远的一百件大事，宋朝的饭馆与小吃入选第五十六位。对此，我们不必惊奇。

饮茶是生活方式,斗茶是社会时尚

中国茶文化的鼎盛期,毫无疑问地出现在 11 世纪至 13 世纪,即两宋时期。

从饮茶风尚所席卷的广度来看,唐代虽然茶道大行,王公朝士无不饮者,但饮茶之俗还只是流行于上层社会。到了宋朝,上至皇室贵族,下至贩夫走卒,都以饮茶为生活时尚:"缙绅之士,韦布之流,沐浴膏泽,熏陶德化,盛以雅尚相推,从事茗饮。"

茶叶,开始成为人们日常生活中不可缺少的一部分。宋人说:"盖人家每日不可缺者,柴米油盐酱醋茶。"宋朝人家接待宾客,必用茶与饮料。当客人来访时,主家要先敬茶招待;当客人告辞时,主家则奉上饮料送客。宋人笔记《南窗纪谈》记录了宋朝的这一习俗:"客至则设茶,欲去则设汤。不知起于何时,然上自官府,下至闾里,莫之或废";"今世俗,客至则啜茶,去则啜汤。汤取药材甘香者屑之,或凉或温，未有不用甘草者。此俗遍天下"。这里的"汤"，是宋人最喜欢的饮料，一般由中药材、果子、鲜花煎制而成，又叫"香饮子"。看来宋朝人还是挺有生活品位的。

宋朝上层社会更是以烹茶为风尚。南宋有一位叫张约斋的雅士，写了一篇《张约斋赏心乐事》。文章列举了一年四季中最适宜做的赏心乐事，其中三月季春最赏心之事，是"经寮斗新茶"；十一月仲冬最赏心之事，是"绘幅楼削雪煎茶"。当时的文人雅集，品茶是必不可少的一道环节。许多士大夫还会定期举行"茶会"，邀三五好友，择一清雅之所，品茗斗茶。苏轼诗曰："禅窗丽午景，蜀井出冰雪。坐客皆可人，鼎器手自洁。"说的便是他在扬州石塔寺参加茶会的事情。宋徽宗的作品《文会图》，描绘的也是文人学士在庭院中举行品茶雅集的情景。徽宗皇帝本人还曾多次亲自烹茶，招待大臣。

由于饮茶已是宋人的生活方式，茶坊也就成了深受宋人喜爱的去处。今天城市中几乎每一个热闹处都有咖啡屋，而在宋朝城市，则满大街都是茶坊。汴京的朱雀门外，"以南东西两教坊，余皆居民或茶坊，街心市井，至夜尤盛"。杭州也是"处处各有茶坊"，如俞七郎茶坊、朱骷髅茶坊、郭四郎茶坊、张七相干茶坊、黄尖嘴蹴球茶坊、一窟鬼茶坊、大街车儿茶肆、蒋检阅茶肆。单看这些茶坊的名字，你都会觉得特别"酷炫"。

宋朝的茶坊，各个档次的都有。大众茶肆茶价低廉，是城市佣工、卖艺人等候雇主的地方。你要是生活在宋朝，想请个保姆、奶妈之类的，可以到大众茶肆找"行老"介绍；高档一点的茶楼，"多有富室子弟、诸司下直等人会聚，习学乐器、上教曲赚之类"，是城市文艺青年搞创作的会所；杭州的黄尖嘴蹴球茶坊、一窟鬼茶坊、大街车儿茶肆、蒋检阅茶肆，则比较清雅，是士大夫期朋约友会聚之处；而俞七郎茶坊、朱骷髅茶坊、郭四郎茶坊、张七相干茶坊，都是"花茶坊"，"楼上专安着妓女"，"非君子驻足之地也"。

不管什么档次的茶坊，装修都很"高大上"："插四时花，挂名人画，装点店面"；"列花架，安顿奇松异桧等物于其上，装饰店面"。有些茶坊，里面还有漂亮的歌妓招呼客人，"（南宋杭州的）清乐茶坊、八仙茶坊、珠子茶坊、潘家茶坊、连三茶坊、边二茶坊……各有等差，（歌妓）莫不靓妆迎门，争妍卖笑，朝歌暮弦，摇荡心目"。你刚踏入茶坊，便有"提瓶献茗"的美貌服务员给你奉上茶汤一杯，这时候你需要付一点小费，叫"点花茶"。你可以叫上歌妓陪着饮茶，如果你对这茶坊的歌妓不满意，也可以叫他处的歌妓陪饮："或欲更招他妓，则虽对街，亦呼肩舆而至，谓之'过街轿'。"那歌妓就在大街对面，才几步路远，却不肯走路，还要坐着轿子过来。

再从茶文化所达到的高度来看，宋朝茶道、茶艺的精致程度，也堪称空前绝后。宋徽宗曾夸口说："近岁以来，采择之精，制作之工，品第之胜，烹点之妙，莫不盛造其极。"

宋人的烹茶法，跟明代以来才形成的泡茶法不同。我们现在喝的叫"散茶"，宋人喝的叫"团茶"，即茶叶采摘之后经过繁复的工序制成茶饼。烹茶时，再将团茶研成茶末，置于碗底，然后用沸水冲成茶汤，同时用茶筅快速击拂茶汤，使之发泡，泡沫浮于汤面——跟今人冲调咖啡差不多。这个过程叫"点茶"。

宋人点茶，对茶末质量、水质、火候、茶具都非常讲究。宋人认为，茶末以白色者为上品，研磨得越细越好，这样点茶时茶末才能"入汤轻泛"，发泡充分；水以山泉为上佳，其次则是井水；火候也极重要，宋人说"候汤最难，未熟则沫浮，过熟则茶沉"，以水刚过二沸为恰到好处；盛茶的茶具以建盏为宜，"茶色白，宜黑盏。建安所造者，绀黑，纹如兔毫，其坯甚厚，熁之久热难冷，最为要用。出他处者，或薄，或色紫，皆不及也"。最后，点出来的茶汤，以汤色纯白、汤花（汤面泛起的泡沫）鲜白、久聚不散为最佳。

宋人将点茶的技艺发挥到极致，又形成了一种"分茶"的高超茶艺。出色的分茶高手，能够通过茶末与沸水的反应，在茶碗中冲出各种栩栩如生的图案。成书于北宋的《清异录》记述说，"近世有下汤运匕，别施妙诀，使汤纹水脉成物象者，禽兽、虫鱼、花草之属，纤巧如画，但须臾即就散灭。此茶之变也,时人谓之'茶百戏'"。有点像今日咖啡馆玩的花式咖啡:利用咖啡与牛奶、茶、巧克力的不同颜色,调配出有趣的图案。

据说著名的女词人李清照便是一名分茶高人,擅长"活火分茶",她的不少诗词都提到了分茶,如《转调满庭芳》词中有"生香薰袖,活火分茶"之句,《晓梦》诗有"嘲辞斗诡辩,活火分新茶"之句。宋徽宗也是茶艺好手,著有《大观茶论》,还曾亲手表演分茶技艺。蔡京在《延福宫曲宴记》中记载:"宣和二年十二月癸巳,召宰执、亲王等曲宴于延福宫……上命近侍取茶具,亲手注汤击拂,少顷白乳浮盏面,如疏星淡月,顾诸臣曰:此自布茶。"

宋朝也流行"斗茶",不论是下层社会的市井人物,还是上流社会的士大夫,只要有闲暇,都喜欢坐下来,摆上各种茶具煮水点茶,看谁的茶叶、茶水出众,茶艺更高超。今天我们还可以从一些宋元画作中看到宋人斗茶的盛况,如南宋刘松年的《茗园赌市图》、钱选的《品茶图》,元初赵孟頫的《斗茶图》。宋人斗茶主要是"斗色斗浮",即以茶汤的颜色与冲出来的茶沫决胜负,茶色以纯白为上,青白为次,灰白次之,黄白又次之;茶沫以咬盏为佳,所谓"咬盏",即汤面"乳雾汹涌,溢盏而起,周回凝而不动,谓之咬盏"。

对宋人来说,点茶不仅是一种技艺,更是"解与尘心消百事"的生活之道。许多宋朝士大夫都撰文述说茶道,如蔡襄著有《茶录》，黄儒著有《品茶要录》，周绛著有《补茶经》。宋代的点茶之道，来南宋学习禅宗的僧人传入日本，便成了现在我们还能看到的日本抹茶。日本《类聚名物考》中说："茶道之起，由宋传入。"倒是在中国本土，由于明代废了团茶，改用散茶，点茶技艺自此衰落。从团茶到散茶，本是由繁入简，不过数百年演化下来，散茶的泡茶法也能形成繁复的茶艺，最典型者，莫如今日的"潮汕工夫茶"。

宋朝的"深夜食堂"会发生哪些暖心的故事

日剧《深夜食堂》以"暖胃的美食+暖心的故事"收获了一堆拥趸，但根据日剧翻拍的中国版《深夜食堂》，却反响平平。我看了半集电视剧，便落荒而逃了。作为一名历史爱好者，我也不想吐槽这部剧，还是来讲几个发生在宋朝"深夜食堂"的暖心故事吧。

之所以想讲宋朝的故事，是因为这类供"夜猫子"吃喝的都市"深夜食堂"，无论是大排档也好，饭店也好，都是到了宋朝才普遍出现的。

宋朝之前，城市通常都要宵禁。比如在唐朝的长安，从"昼漏尽"、击鼓六百下之后开始禁夜，至次日"五更三筹"结束。换算成现在的时间单位，大约从晚上7点至第二天凌晨4点为夜禁时段。在夜禁时间内，居民如果上街溜达，便是"犯夜"，被巡夜的卫士逮住了，是要打屁屁的："诸犯夜者，笞二十。"因此，入夜的长安城，一片黑暗与静寂，可谓"六街鼓歇行人绝,九衢茫茫空有月"。

入宋之后,官府缩短了夜禁时间,"京城夜漏未及三鼓,不得禁止行人",即夜里 12 点之前并不禁夜,酒楼、饭店、大排档都可以营业。到了北宋后期,城市夜禁制度更是完全松弛下来,宣布禁夜时间的街鼓再也没有响起。因此,宋朝的夜市非常繁华,"深夜食堂"很常见,比如在北宋开封,"夜市直至三更尽,才五更又复开张。如耍闹去处,通宵不绝","诸酒肆瓦市,不以风雨寒暑,白昼通夜,骈阗如此";在南宋杭州,"大街一两处面食店及市西坊西食面店,通宵买卖,交晓不绝","冬月虽大雨雪,亦有夜市盘卖"。

在宋朝的"深夜食堂",可以吃到各种美食:"大街有车担设浮铺,点茶汤以便游观之人";"又有沿街头盘叫卖姜豉、膘皮子、炙椒、酸儿、羊脂韭饼、糟羊蹄、糟蟹,又有担架子卖香辣罐肺、香辣素粉羹、腊肉、细粉科头、姜虾……"按美国汉学家安德森先生在其著作《中国食物》中的说法:"中国伟大的烹调法也产生于宋朝。唐朝食物很简朴,但到宋朝晚期,一种具有地方特色的精致烹调法已被充分确证。地方乡绅的兴起推动了食物的考究:宫廷御宴奢华如故,但却不如商人和地方精英的饮食富有创意。"

北宋东京城里,最繁华的"深夜食堂"无疑当属樊楼。《东京梦华录》说樊楼"三层相高,五楼相向,各有飞桥栏槛,明暗相通,珠帘绣额,灯烛晃耀",站在最高的内西楼,可以"下视禁中",将附近的皇宫禁苑瞧得一清二楚。

南宋初有个叫刘子翚的诗人,写过一首追忆北宋樊楼繁华的纪事诗:"梁园歌舞足风流,美酒如刀解断愁。忆得少年多乐事,夜深灯火上樊楼。"这樊楼的灯火之下,发生过多少让诗人感慨的故事啊!只是许多故事都消失在历史长河的深处,只有少数故事在宋人的笔记与话本中流传了下来。

我接下来要讲的几个暖心故事,就发生在樊楼的灯光下。

话说有一日夜晚,一位在京读书的福建李姓士子带了几个朋友来樊楼饮酒。直饮至下半夜,樊楼即将打烊,这李姓士子才猛然想起,日间在樊楼隔壁的茶肆喝茶,落下了一包金子。他记得,喝茶的时候,将那包金子搁在了桌面上,因为朋友招呼他到樊楼欢饮,走得急了,竟然忘记带走。但此时已是深夜,李姓士子心想,茶肆中往来者如织,金子肯定被人拿走,寻不回来了,于是没有去询问。

过了几年,李姓士子重游东京,又跟友人到樊楼边的那家茶肆喝茶,想起往事,忍不住向友人感叹道:"某往年在此,曾失去一包金子,自谓狼狈冻馁不能得回家,今与若(你)幸复能至此。"这话被茶肆主人听到,过来行礼询问道:"官人说什么事?"李姓士子道:"某三四年前,曾在盛肆吃茶,遗下一包金子,是时以相知(朋友)拉去,不曾拜禀。"茶肆主人又问:"官人当时穿什么衣服?坐在哪一张桌子?"

李姓士子一一相告。

茶肆主人听后说道:"您遗下的包袱,我当时也发现了,也叫人将包袱送还您。只是您走得急,人潮中不可辨认,只好将包袱暂且保管下来,只道您次日必会来取,不想一晃三四年过去了。您的包袱我从未打开,觉得很沉重,想来应该是黄白之物。你且说说里面金子的块数与重量,如果相符,我取来还您。"

茶肆主人当下取了一架梯子,登上茶肆里的一间小棚楼,李姓士子也随至楼上,只见棚楼里堆了很多客人遗失的物品,每件物品都贴了标签,注明"某年某月某日某色人所遗下者"。楼角里有一个小包袱,"封记如故",正是李姓士子所遗,上面也贴了标签,"某年月日,一官人所遗下"。

下了棚楼,茶肆主人询问包袱内的金子块数与重量,李姓士子说里面有金子若干块、若干两,茶肆主人打开包袱相验,果然符合,便将金子全部还给了李姓士子。李姓士子要分一半给他,他坚决不收,说:"我若见利忘义,匿而不告,官人将如何?又不可以官法相加。我这么做,是常恐有愧于心也。"李姓士子又要请他到樊楼饮酒,"亦坚辞不往"。

这个真实的故事记录在宋人王明清的《摭青杂说》中,至今读来,仍觉得很受感动。

又有一日,樊楼来了一位风度翩翩的客人,叫沈偕,是湖州的富二代。他来京师游学，听说东京的歌妓蔡奴"声价甲于都下"，便买了一大把珍珠，撒在蔡奴家的屋顶上，由此讨得美人欢心。这日入夜，沈偕便带着蔡奴，登上樊楼饮酒。沈公子很高兴，对樊楼里在座的客人说："大家尽欢，今晚我请客。"欢饮到深夜，沈偕"尽为还所值而去"，即替樊楼里的所有客人都买了单。

这次请客，沈偕到底掏了多少钱，史料没有明说，可以肯定不是小数目。因为樊楼可是京师酒肆之甲，每日饮徒常千余人。炫富的人咱见多了，但像沈公子这么炫富的，我喜欢。

樊楼夜间的热闹与喧哗，甚至将附近的皇宫也衬托得冷冷清清。一日深夜，宋仁宗在宫中闻丝竹歌笑之声，便问宫人："此何处作乐？"宫人说："此民间酒楼作乐处。"说完，宫人又发了一句牢骚："官家且听，外间如此快活，都不似我宫中如此冷冷落落也。"宋仁宗说："汝知否？因我如此冷落，故得渠（他们）如此快活。我若为渠（像他们一样享受快活），渠便冷落矣。"

面对民间"深夜食堂"的喧闹，宋仁宗自觉地克制了自己也要纵情享受紫陌红尘的欲望，甘受"冷落"。因为他明白：只有权力保持克制，民间才能保持繁华。

其实皇宫之内也有豪华的"深夜食堂"——御厨，但这内廷的"深夜食堂"也是十分冷清的。又有一日深夜，仁宗皇帝觉得肚饿，想吃烧羊，但寝宫却未准备消夜，只好忍着，却越忍越饿，以致失眠。次日早朝，气色便很不好看。大臣上前询问："今日天颜若有不豫然，何也？"仁宗说："昨夜没睡好。"大臣还以为皇帝夜里沉溺于美色呢，又进谏说："陛下当保养圣躬，不可操劳过度。"

仁宗一听就明白了，忍不住笑道："宁有此？只是夜来微馁，偶思食烧羊，既无之，乃不复食，由此失饥。"大臣说："何不叫宫里的御厨供应？"仁宗说："朕思之，于祖宗法中无夜供烧羊例，朕一起其端，后世子孙或踵之为故事，不知夜当杀几羊矣！故不欲也。"

宋仁宗的"深夜食堂"故事告诉我们：权力者的欲望应当受到节制，而平民百姓的欲望应当受到尊重。这也是宋朝市井之所以能繁荣起来的原因之一。导演们以后如果想拍一部宋朝版的《深夜食堂》，不妨将我讲的这几个故事拿去。

宋人不爱吃狗肉

说到狗肉的话题，总是会引发口水仗。现在我们暂且放下吃狗肉的是是非非，先来看看古人是怎么对待狗肉的。

中国人自古就有吃狗肉的习惯，至迟在先秦时期，狗肉就进入了我们祖先的食谱。《礼记》记载："诸侯无故不杀牛，大夫无故不杀羊，士无故不杀犬豕，庶人无故不食珍。"狗肉在先民食谱上具有比较高的地位，是士以上的贵族才有资格享用的美味。

古人还明确地将狗分为三类：守犬、田犬、食犬。《礼记》又载："守犬、田犬则授摈者，既受，乃问犬名。"这是什么意思呢？唐人孔颖达注释说："犬有三种：一曰守犬，守御宅舍者也；二曰田犬，田猎（打猎）所用也；三曰食犬，充君子庖厨庶羞用也。田犬、守犬有名，食犬无名。献田犬、守犬，则主人摈者既受之，乃问犬名。"守犬与田犬都有名字，可以作为珍贵的礼物送给客人。客人接受后，要询问狗狗的名字，而食犬则没有名字，它的归宿是盘中餐。

到了秦汉时期，狗肉又从贵族的食谱扩展至平民的餐桌，由于吃狗肉的市民多了起来，市井间还出现了"屠狗"的职业。刘邦麾下的大将樊哙发迹之前就是一名杀狗卖肉的屠夫，《史记》与《汉书》都说："樊哙者，沛人也，以屠狗为事。"

这个时期，狗肉的地位似乎还高于猪肉与鸡肉，因为《盐铁论》称，汉朝人祭祀时，"富者祈名岳，望山川，椎牛击鼓，戏倡舞象；中者南居当路，水上云台，屠羊杀狗，鼓瑟吹笙；贫者鸡豕五芳"。富人祭祀用的祭肉是牛肉，中产用的是羊肉与狗肉，贫者用的是猪肉与鸡肉。当然，所有的祭肉，最后都会被人们吃进肚子里。

但比较奇怪的是，唐宋时期，狗肉不但从祭台上消失了，而且绝大多数人都不再吃狗肉。唐朝的长安、洛阳市井间虽然也有屠狗之人，但基本上都是"豪横犯法"的"恶少年"所为。唐人张守节与颜师古给《史记》《汉书》作注时，还专门解释了樊哙的职业："时人食狗，亦与羊豕同，故哙专屠以卖。"显然唐朝市场上狗肉已相当罕见，读书人对"屠狗"的职业很陌生，所以才需要特别解释。

为什么会发生这样一种饮食习惯的变化？我的看法是，首先，随着养殖业的发展，可供人们食用的肉类更加丰富了，羊肉、猪肉、鸡肉、鱼肉的获得都比狗肉更经济。其次，受佛教教义的影响。早期汉传佛教允许吃肉，包括吃狗肉，南北朝时期的佛典就有僧人化缘狗肉的记载。但到了唐朝，唐三藏翻译的佛经已明确提出："不应食狗及以鸱鸮，并诸鸟兽食死尸者，咸不应食，若有食者得恶作罪。"

中国本土的道教也是"以犬为地厌，不食之"。在宋代志怪小说集《括异志》中，有一个"误食狗肉"的故事，反映的正是道教的饮食禁忌：一个叫张泰的士子，"尝误食犬肉，梦黄衣使者逮至一府，宏丽如宫阙，见一道士谓曰：'何故食厌物？'张自辨致曰：'非敢故食，误耳。'"对方这才原谅了他。醒来时，张泰汗流浃背，知道自己刚才在地府走了一遭。这样的宗教观念对民间饮食行为的塑造是显而易见的。

宋朝的一部分士大夫还从人道主义的立场反对吃狗肉，比如苏东坡就认为，狗狗是人类的伙伴，不应该被食用。熙宁末年，苏东坡在徐州当太守，当地有人屠狗卖肉，被抓了起来。就如何处分屠狗之人，苏东坡与僚属发生了争执。僚属说，"近敕书不禁杀狗"，屠狗并不犯法。苏东坡问："杀狗合乎礼制吗？"僚属说："合礼制。"并引述《礼记》中的一句话来说明："烹狗于东方，乃不禁。"苏东坡反问："《礼记》还说'宾客之牛角尺'呢。"（接待宾客所用的牛角尺把长）难道就不应该禁止屠牛？僚属无言以对，因为中原农耕王朝一直都严禁屠杀耕牛，这在农耕时代是非常合理的。

苏东坡接着说:"孔子曰:'弊帷不弃,为埋马也。弊盖不弃,为埋狗也。'死犹当埋,不忍食其肉,况可得而杀乎?"苏东坡引用了"孔子埋狗"的典故,来说明狗不可杀,狗肉不可吃:孔夫子养的狗死了,叫子贡去埋葬,并说:"我听闻,旧的车帷子不要丢弃,可用来埋掩死去的马;旧的车盖也不要丢掉,可用来埋掩死去的狗。"苏东坡很认同孔子的仁爱精神,认为家养的狗死了,都应埋掉,而不忍食其肉,怎么可以为了吃肉而将狗活活杀掉呢?

徐州的那个杀狗事件最后如何处理的,苏东坡没有明说。我们猜测,苏太守应该惩罚了屠狗之人,并下了今后不准杀狗的禁令。以前我也讲过这个故事,但理解成"苏轼只是反对在举行公宴乡饮时宰杀家犬,并不干涉民间是否食用狗肉",现在看来,我之前的理解是有误的。

宋徽宗时,官府还下令在全国范围内禁止屠狗:"降指挥,禁天下杀狗,赏钱至二万。"举报屠狗的人可以赏二万钱。不过,这次禁止屠狗的理由比较奇葩,因为宋徽宗生肖属狗。也因此,当时的太学生都拿这条禁令开玩笑:神宗皇帝生肖属鼠,却未听说昔日禁止民间养猫。

不过,以我的推测,太学生倒不是反对禁止屠狗,而是觉得禁令的理由太荒谬。如果让太学生吃狗肉,他们应该是不吃的,因为按宋朝人的主流观念,屠狗椎牛是黑社会分子的标志，那些游走在社会边缘的群体才喜欢吃狗肉，以吃狗肉的行为表达他们的反叛姿态。比如北宋初期，"京城无赖辈，相聚蒲博，开柜坊，屠牛马驴狗以食，私销铸铜钱为器用杂物"。南宋时，宣城县境内，"有聚落，皆亡赖恶子及不逞宗室啸集，屠牛杀狗，酿私酒，铸毛钱，造楮币，凡违禁害人之事，靡所不有"。

宋代寻常人家的日常食谱里，已经不见狗肉。北宋《东京梦华录》收录了东京城常见的所有肉类食品，其中羊肉类占36%，猪肉类占12%，鸡肉等禽类肉食约为11%，鱼贝类约为15%，没有狗肉。南宋《梦粱录》也列有杭州城流行的200多个菜单，其中鱼虾类约占一半，同样没有狗肉。当然，民间老百姓偶尔杀条狗打打牙祭，想来也是有的。

宋朝以降，尽管吃狗肉者不乏其人，但有一点是明确的：吃狗肉被认为是一件不怎么体面的事情。这一点从宋代之后形成的两句俗语可以看出来，一句是"挂羊头，卖狗肉"，最早出现在宋朝文献《五灯会元》中："悬羊头，卖狗肉，坏后进，初几灭。"狗肉的地位远低于羊肉，说明狗肉已经很少有人食用，所以才会掉价；另一句是"狗肉不上席"，狗肉只能私下里偷偷吃，不能摆上正式的宴席。

大张旗鼓地举办狗肉节，其实是近些年才兴起的地方性饮食亚文化而已。

宋朝皇帝的御膳

吃饭的时候，不知道你有没有想过一个问题：古代皇帝平日吃的到底是什么饭菜？恰好，周密的《武林旧事》与陈世崇的《随隐漫录》均收录了绍兴二十一年（1151年）十月清河郡王张俊宴请宋高宗的菜单，从这份菜单中你可以了解到什么才是真正的豪华天宴。相比之下，什么"40万元一餐"的所谓豪宴，未免显得太乡土味了。

张俊的宴席豪华到什么程度呢？不需要用华丽的文字来形容，我们直接抄菜单就行了。

一、餐前小吃（小坐时食用）

1. 水果盘——绣花高钉一行八果垒：香圆、真柑、石榴、橙子、鹅梨、乳梨、榠楂、花木瓜。
2. 干果盘——乐仙干果子叉袋儿一行：荔枝、圆眼、香莲、榧子、榛子、松子、银杏、梨肉、枣圈、莲子肉、林檎旋、大蒸枣。

3.香药——缕金香药一行：脑子花儿、甘草花儿、朱砂圆子、木香丁香、水龙脑、史君子、缩砂花儿、官桂花儿、白术人参、橄榄花儿。

4.蜜饯——雕花蜜煎一行：雕花梅球儿、红消花、雕花笋、蜜冬瓜鱼儿、雕花红团花、木瓜大段花、雕花金橘、青梅荷叶儿、雕花姜、蜜笋花儿、雕花橙子、木瓜方花儿。

5.酸咸小吃——砌香咸酸一行：香药木瓜、椒梅、香药藤花、砌香樱桃、紫苏奈香、砌香萱花柳儿、砌香葡萄、甘草花儿、丝梅、梅肉饼儿、水红姜、杂丝梅饼儿。

6.腊味与腌制品——脯腊一行：肉线条子、皂角铤子、云梦䩄儿、虾腊、肉腊、姊房、旋鲊、金山咸豉、酒醋肉、肉瓜齑。

7.拼盘——垂手八盘子：拣蜂儿、番葡萄、香莲事件念珠、巴榄子、大金橘、新椰子、象牙板、小橄榄、榆柑子。

二、第二轮餐前小吃（宴席上食用）

1.水果切片——切时果一行：春藕、鹅梨饼子、甘蔗、乳梨月儿、红柿子、切橙子、切绿橘、生藕铤子。

2.时鲜水果——时新果子一行：金橘、咸杨梅、新罗葛、切蜜薹、切脆橙、榆柑子、新椰子、切宜母子、藕铤儿、甘蔗柰香、新柑子、梨五花子。

3. 蜜饯——雕花蜜煎一行：同前。

4. 酸咸小吃——砌香咸酸一行：同前。

5. 果子制品——珑缠果子一行：荔枝甘露饼、荔枝蓼花、荔枝好郎君、珑缠桃条、酥胡桃、缠枣圈、缠梨肉、香药葡萄、缠松子、糖霜玉蜂儿、白缠桃条。

6. 腊味与腌制品——脯腊一行：同前。

三、下酒菜终于上席

下酒十五盏：

第一盏，花炊鹌子、荔枝白腰子。

第二盏，奶房签、三脆羹。

第三盏，羊舌签、萌芽肚胘。

第四盏，肫掌签、鹌子羹。

第五盏，肚胘脍、鸳鸯炸肚。

第六盏，沙鱼脍、炒沙鱼衬汤。

第七盏，鳝鱼炒鲎、鹅肫掌汤齑。

第八盏，螃蟹酿枨、妳房玉蕊羹。

第九盏，鲜虾蹄子脍、南炒鳝。

第十盏，洗手蟹、鲟鱼假蛤蜊。

第十一盏，五珍脍、螃蟹清羹。

第十二盏，鹌子水晶脍、猪肚假江珧。

第十三盏，虾枨脍、虾鱼汤齑。

第十四盏，水母脍、二色茧儿羹。

第十五盏，蛤蜊生、血粉羹。

四、餐间美食

1. 插食：炒白腰子、炙肚胘、炙鹌子脯、润鸡、润兔、炙炊饼、炙炊饼、𦠆骨。

2. 劝酒小吃——劝酒果子库十番：砌香果子、雕花蜜煎、时新果子、独装巴榄子、咸酸蜜煎、装大金橘小橄榄、独装新椰子、四时果四色、对装拣松番葡萄、对装春藕陈公梨。

3. 厨师特别推荐——厨劝酒十味：江珧炸肚、江珧生、蟑蚱签、姜醋生螺、香螺炸肚、姜醋假公权、煨牡蛎、牡蛎炸肚、假公权炸肚、蟑蚷炸肚。

五、餐后小吃

1. 细垒四桌。

2. 细垒二桌：蜜煎、咸酸、时新、脯腊等件。

什么叫"锦衣玉食"?这就是了。

吃一顿饭就弄了这么多的顶级菜品,是不是说明宋高宗的生活非常豪奢呢?我觉得不能这么推论,因为这顿饭是清河郡王张俊请客。请皇帝吃饭,一辈子也就一次,肯定不能寒酸,必须"高大上",极尽豪奢也是可以理解的。宋高宗在皇宫里的日常饮食,自然不可能都这么豪华。

那么,宋朝皇帝平日吃的御膳,通常都是一些什么菜肴呢?陈世崇《随隐漫录》收录的一张《玉食批》透露了一些信息。这份《玉食批》为宋廷司膳内人所书,陈世崇偶然所得,纸片所记内容为宋理宗"每日赐太子玉食批数纸"。我们将菜品抄下来:

"酒醋白腰子、三鲜笋炒鹌子、烙润鸠子、(燥)石首鱼、土步辣羹、海盐蛇鲊、煎三色鲊、煎卧乌、焐湖鱼糊、炒田鸡、鸡人字焙腰子糊、燠鲶鱼、蝤蛑签、麂膊及浮助酒蟹、江瑶、青虾、辣羹、燕鱼干、(燥)鰡鱼、酒醋蹄酥片、生豆腐、百宜羹、臊子、炸白腰子、酒煎羊、二牲粗脑子、清汁杂、煴胡鱼、肚儿辣羹、酒炊淮白鱼之类。"

陈世崇还在菜单后面批注说:"呜呼!受天下之奉,必先天下之忧,不然素餐有愧,不特是贵家之暴殄,略举一二:如羊头签止取两翼,土步鱼止取两腮,以蝤蛑为签、为馄饨、为橙瓮,止取两螯,余悉弃之地,谓非贵人食;有取之。则曰:若辈真狗子也!噫!其可一日不知菜味哉。"

暗讽宋朝皇帝的饮食过于豪奢、暴殄天物。但坦率地说，与张俊宴请宋高宗的豪华家宴相比，这份内廷菜单上的菜品，实在谈不上奢侈，都是一些家常菜。

陈世崇所说的"羊头签"，是宋朝非常流行的极品"签菜"——那可不是今天的牙签羊肉，而是羊肉卷。据今人考据，其烹饪方法如下：用猪网油将羊头肉卷起来，热油炸得焦黄，大笊篱捞出，便是极美味的"羊头签"。

南宋时，有一名太守聘请了一位厨娘操办家宴，厨娘做了五份"羊头签"，所用食材却需要十个羊头。原来一个羊头，厨娘只剔留脸肉，其他部位全掷地上，弃之不用。帮厨的伙计问她这是为什么，厨娘说，按我们顶级厨娘的厨房标准，一个羊头就只有两块脸肉可做羊头签。其他部位的肉，不能给贵人吃，只有味蕾未开发过的人才吃。有些伙计又觉得羊头就这么丢了也挺可惜的，便从地上拾起来，准备带回去炖着吃。厨娘取笑他们说："汝辈真狗子也！"

陈世崇批注的"如羊头签止取两翼"，即源于此，而不是来自内廷御宴。宋理宗的《玉食批》上也没有出现羊头签这道铺张浪费的美食。

事实上，宋朝时，确实有一些权臣、贵家的饮食要比皇家的奢华。

隆兴元年（1163）五月三日晚，宋孝宗在后殿内阁宴请经筵官胡铨。胡铨说，席上有一道"胡椒醋子鱼"，宋孝宗告诉他说:"子鱼甚佳,朕每日调和一尾,可以吃两日饭。盖此味若以佳料和之,可以数日无馁腐之患。"一尾鱼吃两天,孝宗皇帝的饮食可谓节俭。

胡铨听后很是感动,说:"陛下贵极天子,而节俭如此,真尧舜再生。"孝宗又说:"向侍太上时,见太上吃饭,不过吃得一二百钱物。朕于此时固已有节俭之志矣。此时秦桧方专权,其家人一二百钱物,方过得一日。"这里的"太上",是宋高宗,此时他已内禅,当了太上皇。他平日吃饭,大约为每餐一二百文钱,折算成人民币,也就100元左右。一个皇帝,吃一顿饭只用100元,真的非常非常俭朴了,消费水平只相当于权臣秦桧的仆人。

宋高宗禅位后,闲居于德寿宫。他时常会叫一些"外卖":"上皇宣索市食,如李婆婆杂菜羹、贺四酪面、脏三猪胰、胡饼、戈家甜食数种。"叫的也是市井间的常见食物。事见《西湖游览志馀》。

《西湖游览志馀》还记述说,宋高宗吃饭时,习惯多备一副公筷:"高宗在德寿宫,每进膳,必置匙筯两副。食前多品,择取欲食者,以别筯取置一器中,食之必尽。饭则以别匙减而后食,吴后尝问其故,对曰:'不欲以残食与宫人食也。'"按宫廷惯例,皇帝吃不完的菜肴,会分给宫人吃。宋高宗每次进膳,都用公筷夹菜,避免自己的口水沾到菜上。嗯,非常文明。

北宋的仁宗皇帝，饮食方面也比较注意节俭。邵伯温《邵氏闻见录》载有一事：仁宗好食糟淮白鱼，但淮白鱼乃江南特产，开封未见。而依宋朝祖宗旧制，皇家不得取食味于四方，所以仁宗一直吃不到。后来，皇后只好问吕夷简的夫人："相公家在寿州，当有之。"吕夫人回家，给皇后进献了两筐鱼。后来宋室南迁，以杭州为行在，皇宫内才有淮白鱼供应。陈世崇的《玉食批》中，便有一味酒炊淮白鱼。

如果皇家宴请大臣呢？菜品当然要比日常用膳丰盛，但也不及权臣家的宴会。宋孝宗请胡铨吃饭，所上菜品只有两味八宝羹、鼎煮羊羔、胡椒醋子鱼、明州虾鯆、胡椒醋羊头真珠粉、炕羊炮饭。孝宗皇帝还告诉胡铨："太上（高宗）每次排会内宴，止用得一二十千。（秦）桧家一次，乃反用数百千。"

如果说孝宗请胡铨吃饭只是特例，缺乏代表性。那我们不妨再来看看《东京梦华录》记载的宋徽宗生日宴会，这次宴会宰执、亲王、宗室、百官、外国使者都参加了，称为"国宴"也不过分。

如此隆重的宴会上，菜品却简单得惊人：每张桌案上，摆着"环饼、油饼、枣塔"，"次列果子"。只有辽国使者的餐桌上多了"猪羊鸡鹅兔连骨熟肉"，这些都是"看盘"，只许看，不许吃。另外，各桌又有"生葱韭蒜醋各一碟（大约是蘸料），三五人共列浆水一桶"。

可以吃的酒菜,要等到宴会正式开始之后才会上桌。整个宴会一共会喝九盏御酒,每盏御酒喝毕,都有文娱表演供观赏。

按宋朝惯例,凡御宴,第一盏、第二盏酒是没有下酒菜的,至第三盏,方有两碟下酒肉:咸豉爆肉、双下驼峰角子;第四盏御酒的下酒菜:榅炙子骨头、索粉、白肉胡饼;第五盏酒下酒菜:群仙炙、天花饼、太平毕罗、干饭、缕肉羹、莲花肉饼;第六盏酒下酒菜:假鼋鱼、蜜浮酥捺花;第七盏酒下酒菜:排炊羊、胡饼、炙金肠;第八盏酒下酒菜:假沙鱼、独下馒头、肚羹;第九盏酒下酒菜:水饭、簇饤下饭。吃毕,大伙回家。

《武林旧事》记录的张俊家宴,显然要比这一场国宴排场一百倍。

"武大郎"们的生活水平到底如何

网上有一则流传颇广的段子，说："一个矮个子青年，住着位于市中心的二层楼，依靠在市场卖面食的收入，娶得起漂亮妻子，还不用妻子上班。这不是梦，这事就发生在中国，青年名叫武大郎。"有人借此调侃，也有人真的以武大郎的例子来证明宋朝的富庶——这当然很扯淡。因为武大郎只是虚构出来的文学形象，一个被设定为生活在北宋末年的寻常市民。问题应该反过来求证：假如宋朝确实有一个武大郎，他可能过上段子中所形容的生活吗？

要回答这个问题，首先当然需要评估出一名宋朝平民的收入水平与生活成本。感谢历史学家的研究成果——他们从浩如烟海的史料中梳理出了非常翔实的宋代物价与日常收入资料（如河南大学教授程民生先生的《宋代物价研究》），靠着这些资料，我们完全可以重建一份宋朝"武大郎"的生活账目，并大体上描述出他们的实际生活水平。

宋朝平民的收入

说到宋朝人的经济收入，也许我们印象最深的就是官员俸禄。许多人都知道宋朝官员的工资高哇，事实是不是如此呢？我大略计算了一下：宋朝宰相的月俸为300贯，加上各种补贴，如"职钱""禄粟""薪炭钱""刍粟""傔人衣粮"以及职田租金等，加起来不会少于500贯。相当于年薪40万美元，这个水准跟美国总统的年薪差不多。知县的月俸为18贯，加上各类津贴，不会少于40贯，折算成人民币，月薪少说也有两万元，虽说不是很高，却也不算低。但我们要说的"武大郎"们并不是官员，显然不能以官员薪俸的标准来衡量宋朝小市民的收入水平。

武大郎是一名在城市街巷叫卖炊饼（馒头）的小商贩。那么，宋朝的商人群体收入几何呢？在建康府，"房廊之家，少者日掠钱三二十千，及开解库、店业之家，家计有数十万缗者，营运本钱动是万数"。大城市的富商，每日单房租的收入就有二三十贯，一年下来近万贯。南宋枣阳有一个叫申师孟的职业经理人，"以善商贩著干声于江湖间。富室裴氏访求得之，相与欢甚，付以本钱十万缗，听其所为。居三年，获息一倍，往输之主家，又益三十万缗"。申师孟是个经商奇才，用10万贯的本钱，三年获利20万贯。

生活在城市底层的武大郎，当然不能与这些大富商相提并论，我们要直接看宋朝小商贩的收入情况。南宋庆元初年，饶州小商贩鲁四公，"煮猪羊血为羹售人，以养妻子。日所得不能过二百钱，然安贫守分，未尝与邻里有一语致争"。也就是说，饶州卖猪羊血羹的小商贩，日收入不到200文钱。吴中也有两名小商贩，"同以鬻鳝为业，日赢三百钱"，靠卖活黄鳝为生，每天收入约300文。比较有意思的是一个叫乐生的小贩，"得百钱即罢休，以其僦屋饮食之余，邀嬉于邸戏中。既归，又鼓笛以歌，日以为常"。每天赚够100文，便不再做生意，回家吹笛唱歌。可见一名宋朝小商贩的日收入，一般在100文至300文。

工匠、佣工的日收入也维持在差不多的水平。北宋中叶的"淮西达佣"，每日出卖劳动力所得约100文钱，若多赚了十几文、几十文，都用来买酒肉。宋朝官员雇搬家的苦力，每日给工人200文，受雇的苦力往往还以路途遥远为由要求加价。崇宁年间，京师校书省雇人抄书，每人每日工钱约116文。南宋绍兴末年，舒州官营酒务杂工每日的工钱为250文，酒匠为300文。绍熙三年（1192年），潭州修筑城墙，"日须支工钱三百"。由此可知，宋朝工人的日工价一般也为100文至300文。南宋末在朝廷修历局"誊写历书"的工人，"每人日支食钱四百文"，即日薪400文。

其他职业的社会下层人的日收入，通常也有100文左右。

樵夫。北宋张耒有一首诗描述了洛阳西部山民的生活水平："山民为生最易足，一身生计资山木。负薪入市得百钱，归守妻儿烹斗粟。"每天卖柴所得为100文钱。

渔夫。南宋袁说友亦有诗描写长江三峡渔民的穷日子："春和夏炎网头坐，茫茫不觉秋冬过。卖鱼日不满百钱，妻儿三口穷相煎。"日收入不足100文。

自耕农。有学者统计了宋代第四等户的收入：除去税费之后，每年余粮约有70石。假设粮食的市价为800文每石，年收入约为56 000文，平均每日150文左右。甚至一名乞丐也是"每日求丐得百钱，仅能菜粥度日"。

看来每日100文的收入水平，应该是宋代社会底层人日收入的基准线。若高于这条基准线，基本上可以解决温饱；低于这条基准线，则有饥寒之虞。南宋时一位知县劝谕百姓的公告也可佐证我们的推断："农工商贩之家，朝得百金，暮必尽用，博奕饮酒，以快一时，一有不继，立见饥冻。"因此，在阳谷县叫卖炊饼的武大郎，只要手脚勤快一点，每日赚100文钱是没有问题的。

宋朝平民的开支

每日100文钱的收入，在宋朝可以过上什么水准的生活呢？这又需要来核算宋人的生活成本。南宋庆元年间的一位士大夫说："人之一身，每日所食不过米一升，终年所衣不过一两匹。若酒食杂费，岁计不过百千，此切身诚不可缺。"以他的生活标准来计算，一个人年均需要消费100贯，日均约270文钱。北宋司马光说："十口之家，岁收百石，足供口食；月掠房钱十五贯，足供日用。"即每人日均消费50文，但这是中产阶层以上家庭的生活成本。"武大郎"们过日子，显然不需要这么大的开销。

让我们先从维持基本温饱的最低生活成本说起。官府对贫民的救济标准一般都是每口人"日给钱二十"。程民生先生认为，这个"官方的救济标准，可以视为生活费用的底线"。一名成年人每日约需要口粮2升米，每年又需要一匹布作为衣料。北宋时，在市场上购买2升米约需16文钱，一匹布则需500文。算下来，每日20文钱恰好可以维持一个人的基本温饱。换言之，一名日收入100文左右的平民，大约可以养活一个五口之家——但日子无疑会过得非常艰难。

如果想过上稍有些尊严与体面的生活，除了吃饱穿暖，每日还要吃一点肉菜吧？南宋宝祐年间，建康府"实济局"（福利院）的"盐菜钱"每日每口人约30文钱（剔掉通胀因素）。按这个标准，一个成年人每日的副食费用大概需要30文。

还需要一间可以栖身的房子吧？要知道，《水浒传》中的武大郎可是住着一栋临街二层小楼。不过，看小说所描述："武大在清河县住不牢，搬来这阳谷县紫石街赁房居住，每日仍旧挑卖炊饼。此日正在县前做买卖。"这栋楼房是租赁的，并非武大郎的产业。宋朝城市中，租房居住的情况非常普遍，房租有高有低。在开德府，"每间赁钱有一百至二百文足，多是上等有力之家。其后街小巷闲慢房屋，多是下户些小物业，每间只赁得三文或五文"。日均三五文钱的租金应该是相当便宜的。在开封府，官府"楼店务"管理的公租房，房价每日也不过15文上下，这个租金水平是城市下层人可以承受的。阳谷县这种小地方的房租肯定要低于京师，即使是临街楼房，租金也不可能高于京城的寻常房屋。

像武大郎这样的两口之家，如果想在宋朝城市过上衣食无忧的生活，每日成本大致如下：口粮与衣料费用40文；肉菜副食费用60文；房租15文；杂费若干。合计约150文。如果武大郎每日卖馒头能够赚150文，就完全租得起二层小楼，养活老婆。如果每日赚100文，也足以养家糊口，只是日子会过得拮据一点。如果每天赚300文，小日子就可以过得比较舒服了——根据宋朝小商贩的收入情况，每天赚100~300文都是有可能的。

这么看来，网络段子所说的居然是完全可以成立的历史事实。凭借卖面食发家致富也极有可能，来看一个例子："湖州城南市民许六者，本以货饼饵蓼糁为生，人呼曰'许糖饼'。获利日给，稍有宽馀，因出子本钱于里闾之急缺者，取息比他处稍多，家业渐进。"这位许六，便是一名武大郎式的宋朝市井小人物。

宋明平民生活水平的对比

如果将宋朝的平民生活水平拿来跟所谓"资本主义萌芽"时期的晚明比较一下，我们还会发现，宋人比明人更富庶。

宋神宗年间，国家每年的商税总收入（含过税与住税）以 800 万贯为酌中之数，官府一般按 2% 的过税率与 3% 的住税率征收商税。将商税总收入除以商税率，可以粗略推算出北宋后期一年的商品营业总额约为 1.6 亿贯（商户逃税漏税与官府重敛的因素均忽略不计）。晚明呢？万历年间，明朝官府一年收到的过税与住税约有 80 万两白银。明朝对于商税一般是"三十税一"，即 3.3% 的税率，可以推算出晚明时期一年的商品营业总额约为 2500 万两（同样忽略了商户逃税漏税与官府重敛的因素）。明代的钱银比价一般为一两银子兑换 500~1000 文钱，就按 1000 文计算吧，2500 万两银约等于 2500 万贯钱，规模不及宋朝的六分之一。

再来看平民收入。前面说了，一名生活在宋朝的平民，不管是做点小生意，还是当佣工，日收入通常在 100~300 文钱。那么，一个晚明平民的收入又是多少呢？浙江师范大学教授胡铁球先生通过对明朝工人日收入的研究发现，自嘉靖到崇祯时期，各地刻工的工价皆为日银 3 分，终明一代不变。舵工的工价，隆庆时的福建和天启时的南京皆为日银 4 分。募兵，嘉靖、万历时期皆为日银 3 分。运夫的工价，万历中期的四川、湖广、贵州、蓟州与崇祯时的江阴皆为日银3分，其他各类工种皆有类似的现象。

看来，如果说宋朝平民日收入的基准线是100文钱，明朝平民日收入的基准线就是3分，即0.03两银子。按一两银子兑1000文钱的比价，0.03两银子约等于30文钱。宋人的收入水平是明人的三倍。不过，明朝物价极为低廉，一名成年人得以糊口的成本大概为日银1分（可购买大米2升）。如果按维持温饱的最低成本计，明人每日3分银的收入可以养活三口人；宋人日收入100文则可以养活五口人。论日收入的购买力，还是宋人略高于明人。

每日100文的收入水平，如果放在明朝后期，可以让一个五口之家的日子过得相当滋润——学者的研究表明：明清之际，江南人家一年的生活开销也就30多两银子的光景（约30多贯钱）。显然，宋朝的物价普遍高于明朝——特别是明初几十年间，物价尤其低廉，粮价跌至约300文每石，仅为南宋粮价的四分之一。物价低一定是好事情吗？从表面上看，物价下降，意味着生活成本降低了，似乎是好事情。但实际上，粮价跌幅如此巨大，十分反常。若非经济发生了大衰退，在经济学上是无法解释的。

通过对宋明经济统计数据的对比，我们可以揭示出一个确凿的事实：明朝（特别是明前期）是一个"低收入+低消费"的时代，市场经济之规模非常有限；而宋朝是"高收入+高消费"的时代,市场经济之规模远远大于明朝。

"低收入+低消费"正是中古社会的特征,"高收入+高消费"则是近代化的特征。从宋朝的"高收入+高消费"转入明前期的"低收入+低消费",历史发生了一次倒退。

宋朝女子示爱,很奔放

如果你一直以为宋朝的女性受"封建礼教"束缚,呆板、拘谨、怯弱、缺乏生命力。那么,我建议你去翻看宋话本,保准你会对宋朝女子向情郎示爱的大胆、奔放感到目瞪口呆。

现在就来看看,话本中的宋朝女子是如何向她的心上人示爱的(我尽量原文照录,为照顾今人的阅读习惯,略作删节及改动个别用词)。

宋话本《碾玉观音》的故事发生在南宋绍兴年间,女主角璩秀秀出身贫寒家庭,被父亲送到咸安郡王府当绣工。男主角崔宁,是郡王府的碾玉匠。郡王曾经半玩笑地说要将秀秀许配给崔宁:"待秀秀满日(合同期满),把来嫁与你。"众人都撺掇道:"好对夫妻。"一日,由于郡王府附近发生大火灾,吓得仆人四散,崔宁也带着秀秀跑出府外躲避。话本这么写道——

当下崔宁和秀秀出府门，沿着河走到石灰桥。

秀秀道："崔大夫！我脚疼了，走不得。"

崔宁指着前面道："更行几步，那里便是崔宁住处。小娘子到家中歇脚，却也不妨。"

到得家中坐定，秀秀道："我肚里饥，崔大夫与我买些点心来吃。我受了些惊，得杯酒吃更好。"

当时崔宁买将酒来，三杯两盏下肚。

秀秀道："你记得当时郡王在月台上赏月，把我许你，你兀自拜谢。你记得也不记得？"

崔宁叉着手，只应得喏。

秀秀道："当日众人都替你喝彩：'好对夫妻！'你怎的倒忘了？"

崔宁又应得喏。

秀秀道："比似只管等待，何不今夜我和你先做夫妻，不知你意下如何？"

崔宁道："岂敢！"

秀秀道："你知道不敢，我叫将起来，教坏了你。你却如何将我叫到家中？我明日府里去说！"

崔宁道："告小娘子，要和崔宁做夫妻不妨。只一件，这里住不得了。要好趁这个遗漏（即火灾）人乱时，今夜就走开去，方才使得。"

秀秀道："我既和你做夫妻，凭你行。"

当夜便做了夫妻。

话本《闹樊楼多情周胜仙》讲的是宋徽宗年间,开封市民周大郎的女儿周胜仙,与樊楼上卖酒的范二郎在金明池的茶坊中偶遇,二人"四目相视,俱各有情"。周胜仙会怎么向心仪的范二郎示爱呢?话本写道——

这女孩儿(周胜仙)心里暗暗地喜欢,自思量道:若还我嫁得一似这般子弟,可知好哩。今日当面错过,再来哪里去讨?

正思量道:如何着个道理和他说话,问他曾娶妻也不曾。你道好巧,只听得外面水盏响,女孩儿眉头一纵,计上心来,便叫道:"卖水的,倾一盏甜蜜蜜的糖水来。"

卖水的便倾一盏糖水在铜盂儿里,递与那女子。那女子接得在手,才上口一呷,便把那个铜盂儿望空打一丢,便叫:"好好!你却来暗算我!你道我是兀谁?"

那范二听得道:我且听那女子怎么说。

那女孩儿道:"我是曹门里周大郎的女儿,我的小名叫作胜仙小娘子,年一十八岁,不曾吃人暗算。你今却来算我!我是不曾嫁的女孩儿。"

这范二郎自思量道:这言语蹊跷,分明是说与我听。

卖水的道:"告小娘子,小人怎敢暗算!"

女孩儿道:"如何不是暗算我?盏子里有条草。"

卖水的道:"也不为利害。"

女孩儿道:"你待算我喉咙,却恨我爹爹不在家里,我爹若在家,与你打官司。"

对面范二郎心道:他既暗递与我,我如何不回他?随即也叫:"卖水的,倾一盏甜蜜蜜糖水来。"

卖水的便倾一盏糖水在手,递与范二郎。二郎接着盏子,吃一口水,也把盏子望空一丢,大叫起来道:"好好!你这个人真个要暗算人!你道我是兀谁?我哥哥是樊楼开酒店的,唤作范大郎,我便唤作范二郎,年登一十九岁,未曾吃人暗算。我射得好弩,打得好弹,兼我不曾娶浑家。"

卖水的道:"你不是风!是甚意思,说与我知道?指望我与你做媒?你便告到官司,我是卖水,怎敢暗算人!"(这卖水的被人拿来递话儿,自己还蒙在鼓里,好生可怜。)

范二郎道:"你如何不暗算?我的盏儿里,也有一根草叶。"

女孩儿听得,心里好喜欢。茶博士入来,推那卖水的出去。女孩儿起身来道:"俺们回去休。"看着那卖水的道:"你敢随我去?"

范二郎思量道:"这话分明是教我随他去。"

女孩儿约莫去得远了，范二郎也出茶坊，远远地望着女孩儿去。只见那女子转步，那范二郎好喜欢，直到女子住处。

话本《张生彩鸾灯传》则说的是宋徽宗时，汴京元宵节放花灯，贵官公子张生到乾明寺看灯，在殿上拾得一条红绡帕子，帕角系着一个香囊。细看帕上，有诗一首："囊里真香谁见窃，鲛绡滴血染成红。殷勤遗下轻绡意，好与才郎置袖中。"诗后还有细字一行："有情者拾得此帕，不可相忘。请待来年正月十五夜于相篮后门一会，车前有鸳鸯灯是也。"

张生看后，怦然心动，盼望着来年元宵早些到来。终于挨到第二年正月十四晚，张生候于乾明寺相篮后门，果然见有车一辆，灯挂鸳鸯，护卫甚众。张生惊喜无措，近车吟咏："何人遗下一红绡，暗遣吟怀意气饶。"话本接着写道——

车中女子，闻张生吟讽，默念昔日遗香囊之事谐矣。遂启车帘偷窥张生，见张生容貌皎洁，仪度闲雅，愈觉动情。遂令侍女金花者，通达情款。张生亦会意。须臾，香车远去，已失所在。

次夜，张生复伺于旧处。未久，有青盖旧车迤逦而来，更无人从，车前挂只鸳鸯灯。张生见车中人并非昨夜相遇之女，乃一女尼。车夫连称："送师归院去。"

张生迟疑间，见女尼转手向他打招呼，便尾随入乾明寺。寺中有小轩，已张灯列宴。女尼乃去包丝，绿发堆云，脱僧衣而红裳映月。正是昨晚华车中的女子。

那女子招呼张生坐下来，酒行之后，对张生说："愿见去年相约之媒。"

张生取出香囊，付少女视之，那少女方笑道："京辇人物极多，惟君得之，岂非天赐尔我姻缘耶。"

张生说："当日拾得香囊后，亦曾和诗一首。"又将当日所和诗词取了出来。

那女子大喜道："真我夫也。"于是推张生就枕，极尽欢娱。

话本《宿香亭张浩遇莺莺》也讲述了一个动人的爱情故事：北宋时，洛阳有一位才子，姓张名浩，"承祖父之遗业，家藏镪数万，以财豪称于乡里。贵族中有慕其门第者，欲结婚姻；虽媒妁日至，浩正色拒之"。这年春天，张浩与友人同游自家园圃，在园中太湖石畔，芍药栏边，见一垂鬟女子，年方十五，携一小青衣（小奴婢），倚栏而立。便上前问询，才知她是邻居李氏之女李莺莺。故事就此展开——

张浩对莺莺说："敝园荒芜，不足寓目，幸有小馆，欲备淆酒，尽主人接邻里之欢，如何？"

莺莺说道："妾之此来，本欲见君；若欲开樽（即饮酒），决不敢领。愿无及乱，略诉此情。"

张浩拱手鞠躬，说："愿闻所谕！"

莺莺说："妾自幼年慕君清德，缘家有严亲，礼法所拘，无因与君聚会。今君犹未娶，妾亦垂鬟，若不以丑陋见疏，为通媒妁，使妾异日奉箕帚之末，立祭祀之列，奉侍翁姑，和睦亲族，成两姓之好，无七出之玷，此妾之素心也。不知君心还肯从否？"

张浩闻此言，喜出望外地告诉莺莺："若得与丽人偕老，平生之乐事足矣！但未知缘分何如耳？"

莺莺说："两心既坚，缘分自定。君果见许，愿求一物为定，使妾藏之异时，表今日相见之情。"

张浩仓卒中无物表意，遂取系腰紫罗绣带，对莺莺说："取此以待定议。"

莺莺亦取拥项香罗，对张浩说："请君作诗一篇，亲笔题于罗上，庶几他时可以取信。"

张浩心转喜，呼童取笔砚，指栏中未开牡丹为题，赋诗一绝于香罗之上。

我读宋话本中的爱情故事，总是忍不住为宋朝女子大胆示爱的勇气所折服。谁说从前的女子生性呆板、拘谨、怯弱呢？

（按：传世的宋话本均经元明文人整理编辑，难免有被后人修改、增补、敷演的成分，但基本情节还是出自宋朝艺人。话本中的人物性格与行事方式，无疑也是宋朝社会真实的反映。审慎地将宋话本当史料使用是没有问题的。）

明末闵齐伋雕刻的《西厢记》版画

商业社会

北宋画家苏汉臣绘制的《宋人婴戏图轴》

宋朝的广告与商标

商业的发达，使宋朝商人产生了明显的广告自觉。宋人庄绰的《鸡肋编》说："京师凡卖熟食者，必为诡异标表语言，然后所售益广。"欧阳修《归田录》也载，京师食店，"皆大出牌榜于通衢"。这便是自觉的广告意识。繁华的城市中，商业广告随处可见。展开《清明上河图》，我们会发现画家捕捉到的广告就有几十个，其中广告幌子有10面，广告招牌有23块，灯箱广告至少有4个，大型广告装饰——彩楼欢门有5座。

"小市酒旗能唤客"——宋代的酒店业尤其重视做广告。《容斋续笔》载，"今都城与郡县酒务，及凡鬻酒之肆，皆揭大帘于外，以青白布数幅为之"。这个"青白布"便是"酒旗"。《东京梦华录》也载，"凡京师酒店，门首皆缚彩楼欢门"，九桥门街市的酒店，更是"彩楼相对，绣旆相招，掩翳天日"。这里的"绣旆"，是指市招；"彩楼欢门"则是用竹木与彩帛搭建起来的门楼,是流行于宋代的酒店业广告装饰,越是高级的酒店,彩楼欢门越是豪华。《清明上河图》描绘的"孙羊正店",彩楼欢门有两三层楼高,非常气派。画中虹桥附近的一家"脚店"(宋代的脚店是指小型酒店),也扎有十分显眼的彩楼欢门。如果我们有机会穿越到宋朝,只要看到彩楼欢门,便可以判定那是一家酒店。

比较新鲜的当属灯箱广告。《清明上河图》中的"孙羊正店"大门前,有三块立体招牌,分别写着"孙羊""正店""香醪"字栏。这三块立体招牌,便是灯箱广告。由于这种广告牌应用了照明技术——内置蜡烛,夜间明亮照人,特别引人注目。虹桥附近的"脚店"门口,也设置了一个灯箱广告,上书"十千""脚店"四字。"十千"为美酒的代称,如唐诗有云"新丰美酒斗十千,咸阳游侠多少年"。灯箱广告在现代商业社会不过是寻常事物,但许多人未必知道,宋朝已出现了灯箱广告的形式。今日在日本、韩国一些地方,还保留着这种古老的广告,古香古色,别有风味。

俗话说:"好酒不怕巷子深。"但宋人的观念是,好酒还需做广告,为吸引眼球,广告还得别出心裁。《武林旧事》与《梦粱录》都记述说,每到新酒出炉时,酒库(即官营大酒店)必大张旗鼓:一、用长竿挂出广告长幅,上书"某库选到有名高手酒匠,酿造一色上等浓辣无比高酒,呈

《清明上河图》中的灯箱广告

中第一"之类的广告词,这叫"布牌";二、"以木床铁擎为仙佛鬼神之类,驾空飞动",即将儿童或伶人固定在木制台架上,扮成仙佛鬼神的模样,在酒店门面表演,这叫"台阁";三、"酒库颁发告示,邀请官私妓女、鼓乐随行,诸行社队,迤逦半街,街市往来,无不围观",类似于如今公司邀请演艺界明星来代言产品。

看来，幌子、招牌等广告形式在宋朝已不新鲜，明星代言的广告形式也出现了。这里值得一说的还有宋朝的印刷品广告。印刷品广告的特点是可以大量复制、广为散发或张贴。宋朝的药铺已经开始应用一种叫"仿单"（夹带在商品中的广告传单）的印刷品广告。在出土的宋朝文物中，有一个镂刻自南宋咸淳年间的仿单铜版，是四川"万柳堂药铺"用来印制广告传单的印版，印出的广告相当精美：约六七寸方，四周有花纹，上面花纹间刻着"万柳堂药铺"五字。广告图文并茂，其中一张图中画有二人，一人作气喘状，另一人则精神健旺，图中注有"气喘""愈功"字样。可以看出这是表现患者服药前后的状态，用以说明药物的疗效。

中国历史博物馆内也收藏着一块北宋年间的广告铜版，用这块铜版印出来的印刷品最上方是一行大字："济南刘家功夫针铺"；中间是一个"白兔捣药"图案；图案两侧标注"认门前白，兔儿为记"两行说明，下方则是广告词："收买上等钢条，造功夫细针，不偷工，民便用，若被兴贩，别有加饶，请记白。"（"若被兴贩，别有加饶"的意思是说，若来批发，可以优惠。）四五百年后，欧洲才出现了第一张英文印刷品广告。这份宋朝的广告传单，不仅是世界上最早的印刷品广告，而且其中有一个细节更值得注意：它不仅仅宣传产品（功夫细针），而且宣传品牌（刘家功夫针铺），那个"白兔儿"更是可以确证的世界上最早的商标。

《清明上河图》中的赵太丞家医馆

宋朝的工商业者已经有了明确的商标意识,翻开《东京梦华录》《梦粱录》或者《清明上河图》,作者(画家)记录的各类招牌可谓琳琅满目,如"钱家干果铺""戈家蜜枣儿""俞家冠子铺""凌家刷子铺""徐茂之家扇子铺""张古老胭脂铺""枣王家金银铺""刘家上色沉檀拣香""双葫芦眼药铺""郭医产药铺""赵太丞家"医馆、"仁爱堂熟药铺""修义坊三不欺药铺""孙羊正店""黄尖嘴蹴球茶坊""一窟鬼茶坊"等,不胜枚举。这些招牌,都具有商标的性质。南宋当涂县有位外科医生徐楼台,"累世能治痈疖，其门首画楼台标记，以故得名"，"徐楼台"便是徐家医馆独有的商标。饶州城内德化桥也有个医生，"世以售风药为业"，自制了一个"（一人）手执叉钩，牵一黑漆木猪"的标识，挂于医馆门口中，人称"高屠"。这个"高屠"，成了饶州城的一块驰名商标。

从今天出土的宋代铜镜、瓷器、金属器，可以看到各种"铭记"，其实这也是商标。商标的源头可以追溯到古老的"物勒工名"传统："物勒工名，以考其诚，工有不当，必行其罪。"最早的"物勒工名"只是强制的责任认定，还不能说是商标。但在漫长的演进过程中，随着市场经济的发展，它使一部分优秀商号脱颖而出，成为获得广泛信任的品牌。当品牌形成之后，拥有这一品牌的工商从业者就会一改被动的"物勒工名"，而倾向于积极地在自己的产品上留下独有的标志，以便跟其他人的同类产品区分开来，于是商标便诞生了。宋代湖州出产的一些铜镜，会铭刻上制镜的铺号，如"湖州真正石家念二叔照子"。之所以在"石家念二叔"前面特别加上"真正"二字，是为了强调自己不是冒牌货。这也说明"石家念二叔"已经成为当时湖州的制镜品牌，以致出现了一些冒牌产品。

宋代工商业者之所以产生了宣传品牌（而不是产品）的自觉，当然是因为宋朝的消费者已经有了追求名牌商品的意识。宋话本《白娘子永镇雷峰塔》中有个细节：许仙外出遇雨，便向开生药铺的亲戚李将仕借把伞用。李将仕吩咐药铺的老陈给了许仙一把雨伞。老陈将一把雨伞递给许仙,再三嘱咐道:"小乙官,这伞是清湖八字桥老实舒家做的,八十四骨,紫竹柄的好伞,不曾有一些儿破,将去休坏了!仔细!仔细!"许仙说:"不必分付。"后来许仙又将这把伞借与白娘子,定下了一段姻缘。不过我们这里要注意的不是许仙的爱情,而是老陈所代表的宋代市民的消费意识。显然,"老实舒家"是制伞的大品牌,深受消费者欢迎。宋话本的情节虽属虚构,却是宋代社会生活的反映,因为当时市民确实有追求品牌的消费心理。

看苏轼与名妓当广告代言人

宋朝的商人做生意,很注重打广告。以前没有电视、互联网,为了让更多人看到广告,只能到最热闹的地点放广告,并尽量将广告词写得新奇夸张,足够吸引眼球。比如北宋东京的饮食店,皆大书牌榜于通衢,"京师凡卖熟食者,必为诡异标表语言,然后所售益广"。这里的"牌榜"就是广告招牌;"诡异标表语言",就是标新立异的广告词。

走在宋朝城市的街头,商业广告随处可见。不信你看《清明上河图》,画家画出了各种商业广告,有广告幌子、广告招牌、灯箱广告,等等。但我们今天要说的,不是这些"静物广告",而是更具现代色彩的广告形式——请名流、明星来代言品牌或商品。

歌妓代言美酒

宋朝时的酒厂叫"酒库",此外还有一批大酒店也有酿酒权,叫"正店"。正店与酒库酿出的酒除了自卖之外,也批发给其他没有酿酒权的小酒店(称为"脚店")。每年的清明节前,是临安各家酒库开煮新酒的日子,这个时节,整个杭州城的上空都飘着酒香。

临安的酒库有很多家,谁家酿出来的酒味道好,名头响亮,谁家就能让顾客记住品牌,并迅速占领市场。因此,打好自家酒品牌的广告是非常重要的。今天的酒业打广告,可以一掷万金争个电视黄金时段的"标王"。但宋朝还没有电视,怎么办?举办一场盛大的评酒大会呗。

当时主管杭州城内外诸酒库的机构是临安府"点检所",每当新酒上市之前,点检所都会择日开沽评酒。评酒会的日期定下后,各个酒库便到处张贴告示,写明某月某日,酒库"开沽呈样",欢迎各位前来品评美酒。

到了开沽之日,一大早,各个酒库带上精心挑选的样酒,"排列整肃,前往州府教场,伺候点呈"。"点呈"的过程也是做广告的过程。而做广告的本质,无非是吸引大家的注意。为了达到这个目的,各个酒库都派出了盛大的队伍前往教场送酒,除了带上新酿的样酒,还雇"社队鼓乐""杂剧百戏诸艺",一路吹吹打打,表演节目,巡游各处街市。

送酒队伍为首的有三五个人，用大长竹挑起一面三丈余高的白布，上面写着"某库选到有名高手酒匠，酝造一色上等浓辣无比高酒，呈中第一"的广告词。后面是所呈样酒数担，以及邀请来的诸行社队、各色艺人。其中最引人注目的，是给酒库美酒代言的官私妓女。

说到这里，我们需要先说明一下：宋朝的妓女并不是今人所理解的性工作者，而是指"女乐"，是文艺工作者，相当于今天的女艺人。这些代言美酒的妓女，都是"秀丽有名者"，各自身着盛装，化着美妆，"带珠翠朵玉冠儿，销金衫儿裙儿"，骑着银鞍宝马，"各执花斗鼓儿，或捧龙阮琴瑟"。即使是那些"贫贱泼妓"，碰上了代言美酒的机会，"亦须借备衣装首饰，或托人雇赁"。

一群漂亮女子如此招摇过市，自然少不了有浮浪闲客，随逐于后；更有一些风流少年，沿途劝酒，或送点心。难怪所经之地，高楼邃阁，绣幕如云，累足骈肩。毫无疑问，广告的目的达到了。

这场点呈评酒会，前后大约有十天时间，"预十日前，本库官小呈；五日前，点检所金厅官大呈"。在点呈中获得好评的酒库，官府还会赏赐彩帛、银钱或银碗，令人挂在马前，以示荣耀。

趁着连日热闹，各个酒库又在门口搭起彩棚，现场卖酒，"游人随处品尝，追欢买笑，倍逾常时"，生意特别好。这种广告方式，今天的商家不妨考虑借鉴一下。

苏学士写广告诗

宋朝的社会名流，也有替商家代言广告的。其中广告词写得最欢的，大概是苏轼苏大学士。

苏轼似乎有一股写广告诗的热情，朋友曹辅给他寄了一些壑源的试焙新芽，请他品尝，他便为壑源茶叶作了一首广告诗："仙山灵雨湿行云，洗遍香肌粉未匀。明月来投玉川子，清风吹破武林春。要知玉雪心肠好，不是膏油首面新。戏作小诗君一笑，从来佳茗似佳人。"他还写过一首赞美杭州径山龙井水的诗，诗末特别注上了一句广告词："龙井水洗病眼有效。"

苏轼是那个时候的大名人，粉丝非常多，而且都是铁粉。曾有一位叫章元弼的"苏粉"，得到一册苏轼的《眉山集》，废寝忘食地看起来，连美貌的娇妻都冷落了，妻子最后受不了，说："你还是跟苏学士结婚吧！"最后居然真的离婚了。而章元弼说起这事，还有点得意地说："缘吾读《眉山集》而致也。"苏轼要是替哪个商家做广告，号召力可不是吹的。

确实有一户商家成功请到了苏大学士代言产品，那是儋州的一家"馓子店"。馓子，又名"环饼""寒具"，是宋朝市井上颇为常见的一种食品。话说宋哲宗年间，京师有个叫卖馓子的小贩，也不吆喝他卖什么，只是不时地长叹一声："亏便亏我也！"这是一种广告策略，类似于今人说"跳楼价，亏本大甩卖！"这小贩还挑着馓子跑到皇城下叫卖。恰好当时有一位废皇后，就居住瑶华宫。官府见这小贩每到宫门口，就长叹说"亏便亏我也"，以为他有什么政治阴谋，便将他抓起来审问。没有问出什么来，打了他一顿板子，放了。小贩从此将广告词改成了"待我放下歇则个"，听到的人"莫不笑之"，不过广告效果不错，买的人越来越多。

这小贩看来颇有商业头脑。不过更有商业头脑的是儋州那家馓子店的老板娘。当时名满天下的苏轼贬谪海南，居所附近正好有一家馓子店。你知道，苏轼是一位美食家，看到好吃的东西肯定是不会放过的，所以一来二去，便跟馓子店的老板娘混熟了。

老板娘晓得苏大学士是大名流，便一再请求苏轼为她的馓子店题首诗。苏轼笑道："毫无疑问，你做的环饼是全天下最好吃的。"老板娘说："这是什么破诗？大学士您就认真作一首吧。"苏轼便提笔写下了他人生中的又一首广告诗："纤手搓来玉色匀，碧油煎出嫩黄深。夜来春睡知轻重，压匾佳人缠臂金。"有人认为，这首诗是中国古代真正意义上的商品广告诗。

苏大学士写广告诗虽然蛮拼的，不过创意似乎不怎么好，总是将他喜爱的事物比拟成美人。给壑源茶叶写广告词，就说"从来佳茗似佳人";给馓子店写广告词,就说"压匾佳人缠臂金";早年为杭州西湖写的广告诗,还有"欲把西湖比西子,淡妆浓抹总相宜"的句子。但苏轼名气大,有了他的墨宝镇店之后,馓子店果然顾客盈门。

运河上的宋朝

大运河开挖于春秋时期，至隋朝时已基本完工。但大运河对于中国政治、经济及社会生活的强大塑造力，则要到北宋时才完整地呈现出来。

大运河奠定了开封的国都地位，也撑起了北宋的繁华。

大运河是北宋立国的生命线

赵宋立国，继承后周的政治遗产，以汴梁为首都。但宋太祖赵匡胤打心底里不希望定都于汴梁，因为开封乃是"四战之地"，并无天险可据，易攻难守，从军事上考虑，确实不是建都的首选。为了守卫国都，必须在京师驻以重兵，成本非常高。开宝九年（976年），距宋朝开国不过十六年，赵匡胤到西京洛阳祭祖，留洛期间，便与近臣发生了一次是否要迁都的辩论。

原来赵匡胤出生于洛阳夹马营，有意迁都洛阳，祭祀完毕，便在洛阳行宫住了下来，不欲回东京汴梁。随行的群臣不知如何是好。

铁骑左右厢都指挥使李怀忠进言："东京有汴渠之漕，岁致江淮米数百万斛，都下兵数十万人咸仰给焉。陛下居此，将安取之？且府库重兵，皆在大梁，根本安固已久，若遽迁都，臣实未见其便。"李怀忠的意思是，东京纵有千般不是，但毕竟得运河之便，每年可以从江淮运入漕粮数百万石，京师数十万驻军，全靠它吃饭。陛下如果搬居洛阳，能从哪里弄到这么多的粮食？因此，迁都之事，极不可行。

但赵匡胤不听，看来很难改变皇上的主意了。

此时，太祖之弟、晋王赵光义从容地说道："迁都未便。"

赵匡胤说："迁都洛阳也非长远之计，最好是迁至长安。"

赵光义"叩头切谏"，决心要打消太祖迁都的念头。

赵匡胤又说："我之所以想西迁，并无他意，只是要据山河之胜，守卫国都。这样便可以裁撤冗兵，循周汉故事，以安天下。"

赵光义说："国家之守，在德不在险。"

赵匡胤沉默半响，没有说话。等赵光义离开后，赵匡胤对左右近侍说："晋王所言，也有他的道理，我就听他一回吧。"后深叹了一回气，悠悠道，"只怕不出百年，天下民力殚矣。"

太祖皇帝听从了其弟晋王的劝告，实际上也是迁就于时势。赵匡胤并不是一名固执的君王，他通达，既能尊重传统，也愿意承认现实，顺应时势。南宋时，朱熹与朋友回忆起太祖开国创制的往事，朋友跟朱熹说："太祖受命，尽除五代弊法，用能易乱为治。"朱熹说："不然。只是去其甚者，其他法令条目多仍其旧。大凡做事底人，多是先其大纲，其他节目可因则因，此方是英雄手段。"换成现在的说法，这正是保守主义的改进路径。

说回迁都的事。赵匡胤内心虽有"循周汉故事"、定都长安的情结，但他也不能不尊重现实。在他所处的10世纪，已经全然不同于周汉之世。经长年战乱摧残，长安等北方都城早已不复旧日繁华。南朝时衣冠南渡，南方获得大开发，中国的经济、文化重心逐渐转移至江南，而军事、政治重心则依旧保留在北方，一南一北两个重心彼此分离。如果缺乏发达的交通网络将南北连接起来，南方的经济资源就无法输送到北方，北方那些军政重镇势必难以维持，进而危及整个王朝的安全。

在铁路与火车被发明出来之前，水运线无疑是最为经济、快捷的运输网络。但中国的黄河、长江大体上都是东西走向，南北之间找不到贯通的水运线。隋炀帝开凿大运河，当然并不是为了下扬州看琼花美女，而是要打通南北的补给线。

五代画家巨然绘制的《长江万里图》（局部）

大运河凿成，南北贯通，中华帝国才可能形成紧密的共同体，富庶的南方才能够成为源源不断地向北方输送物资的大后院。位于运河线上的汴梁，近水楼台先得月，其地位便日益重要了，五代的后梁、后晋、后汉与后周政权，均定都于汴梁。宋承五代之旧，也以汴梁为首都，因为不能不顺应历史趋势。

北宋时期的汴梁，漕运网络远比洛阳、长安发达。汴河、惠民河、金水河与广济河流贯城内，并与城外的河运系统相衔接，合称"漕运四渠"。来自陕西的物资可从黄河—汴河运至汴梁，蔡州的物资直接由惠民河入京，山东的物资可通过黄河—广济河抵京，东南六路的物资，可以借道大运河北上,转入汴水,运达京师。

其中连接东南六路的汴河—大运河是北宋最重要的漕运线,用宋人自己的话来说,"唯汴水横亘中国,首承大河,漕引江湖,利尽南海,半天下之财赋,并山泽之百货,悉由此路而进。"因此,北宋立国未久,便设立了一个叫"发运司"的机构,来统筹东南六路的物资运输:"所领六路七十六州之广,凡赋敛之多少,山川之远近,舟楫之往来,均节转徙,视江湖数千里之外,如运诸其掌。"

那么,每一年从东南六路经大运河运入汴梁的物资有多少呢?据沈括的《梦溪笔谈》记录,"发运司岁供京师米,以六百万石为额。淮南一百三十万石;江南东路九十九万一千一百石;江南西路一百二十万八千九百石;荆湖南路六十五万石;荆湖北路三十五万石;两浙路

《清明上河图》中的汴河运输风光

一百五十万石。通羡余,岁入六百二十万石。"仅仅官运的漕粮一项,每年就以六百万石为常额,多时竟达八百万石。如果作为口粮,可供六七十万人一年之需。

除了漕粮,汴河—大运河运输线每年还从南方运入大量的其他物资,用于官府消费。宋仁宗康定元年(1040年),知制诰富弼在一份报告上说:"朝廷用度,如军食、币帛、茶、盐、泉货、金、铜、铅、银,以至羽毛、胶、漆,尽出此九道(指东南六路加上福建、广南东、广南西)。朝廷所以能安然理天下而不匮者,得此九道供亿使之然尔。此九道者,朝廷所仰给也。"

因此,我们说汴河—大运河是北宋立国的生命线,并无半点夸张。实际上,宋人也是这么认为的——熙宁五年(1072年),北宋著名的经济学家张方平说:"今日之势,国依兵而立,兵以食为命,食以漕运为本,漕运以河渠为主……汴河废,则大众不可聚,汴河之于京师,乃是建国之本,非可与区区沟洫水利同言也。"

大运河是商业繁华的动力源

对宋王朝来说,大运河不仅仅是一条维系帝国政治安全的补给线。运河的功能被完全调动起来之后,便触发了一系列连锁反应,深刻地塑造了宋代的社会经济发展方向。

日本汉学家宫崎市定提出，中国的古代至中世，是"内陆中心"的时代，从宋代开始，变为"运河中心"的时代，大运河的机能是交通运输，所谓运河时代就是商业时代。事实上由中世进入近世后，中国的商业发展得面目一新。宋朝的立国者迁就于政治重心与经济重心分离的现实，不得不定都于运河线上的汴梁，却也在无意中顺应了"运河中心"时代来临的历史大势。宋太祖所担心的"不出百年，天下民力殚矣"，其实并没有到来。运河与首都的亲密接触，反而将整条运河线的经济活力调动起来，创造了北宋的商业繁华。

运河的运输功能并不是由国家独享的，它是一个开放、公共的水上交通网络。在运河中往来的不仅有漕运官船，无数民间的商船、货船、客船也日夜穿梭于运河线。货物的流通、客商的往返、人烟的汇聚，自然而然地产生了庞大的餐饮、住宿、仓储、搬运、商品交易、娱乐、脚力服务诸方面的市场需求，于是在运河沿线，无数市镇应运而生。

宋神宗熙宁五年（1072年），访问宋朝的日本僧人成寻沿着运河从泗州乘船前往汴梁，他的日记详细记录了沿河见到的繁华市镇。如船至宋州，在大桥下停宿，成寻看到"大桥上并店家灯炉火千万也，伎乐之声遥闻之"，"辰时拽船从桥下过，店家买卖不可记尽"。宋朝这些商业性市镇的格局，完全不同于传统的行政性城市。行政性城市是国家构建出来的政治中心，市镇则是民间自发生成的工商业中心、制造业中心、运输中心。

运河两岸的城市，如亳州、宋州、郑州、青州、宿州、徐州、泗州、扬州、真州、常州、苏州、秀州、越州、明州、杭州，也因运河经济的辐射力而形成繁盛的区域市场，八方辐辏，商旅云集，人烟稠密。《宋史·地理志》收录了近50个人口在10万以上的城市，其中位于运河沿线的有15个，差不多占了三分之一。处于运河网络之中心的汴京，人口更达百万之巨。通过对宋朝商税分布的分析，也可以发现，以运河为代表的水运网络对于宋朝商业发展的重要性，如熙宁十年（1077年）的商税约有800万贯，其中近400万贯集中在包括汴河、蔡河等运河在内的十二条河流沿线。

而汴京的商业布局，也因为运河表现出全新的面貌。看过《清河上河图》长卷的朋友应该会发现，宋人喜欢临河开店，沿着汴河两岸，商铺、酒楼、茶坊、邸店、瓦舍勾栏鳞次栉比，连桥道两边也摆满小摊，形成了繁荣的街市，行人、商客、小贩、脚夫、马车拥挤于街道，入夜之后，市井间的热闹仍不减白昼。

《东京梦华录》这么介绍汴京的夜市："自州桥南去，当街水饭、爊肉、干脯……鸡皮、腰肾、鸡碎，每个不过十五文……香糖果子、间道糖荔枝、越梅、紫苏膏、金丝党梅、香枨元，皆用梅红匣儿盛贮。冬月盘兔、旋炙猪皮肉、野鸭肉、滴酥水晶脍、煎角子、猪脏之类，直至龙津桥须脑子肉止,谓之杂嚼,直至三更。"州桥夜市之所以这么喧闹,是因为仓场建于这一带,汴河上的货船驶至州桥码头后,需要靠岸卸货、仓储,物资在这里集散,人流也在这里汇合。

商业性市镇、热闹夜市、临街开设的商铺,在"唐宋大变革"发生之前,几乎都是不可想象的。比如在所谓的盛唐,县以下不设市;城市实行坊市制,即居民区(坊)与商业区(市)严格隔开,商贾只能在指定的时间、指定的地点做生意;入夜则实施宵禁。这些带有明显中世色彩的商业限制,到了"运河中心"时代,都瓦解了。因此,海外一部分汉学家相信,宋朝发生了一场"城市革命"。我们也不妨说,此"城市革命"乃是运河经济的辐射力所促成的。

运河代表的水运网络的开发,也使得大宗的长途贸易成

《清明上河图》中的货船

为可能。宋朝之前的商人,还秉承着"千里不贩籴"的古老习惯,因为将粮米运至千里外销售,成本太高了。但在宋朝,发达的水运网络将"千里贩籴"的成本大幅降了下来,于是"富商大贾,自江淮贱市粳稻,转至京师,坐邀厚利"。两浙路的太湖流域,"号为产米去处,丰年大抵舟车四出",这些"舟车"都是收购商品粮的商队。"千里不贩籴"的贸易局限从此被打破了。

大宗交易、长途贸易的出现,又催生出了发达的商业信用。宋朝以铜钱为主要货币,但铜钱笨重,不方便携带——你总不能从京师运着一船铜钱到江南进货吧?《东京梦华录》说汴梁的"金银彩帛"市场,"每一交易,动即千万,骇人闻见",这样的大宗交易也不大可能使用现钱支付。因为这一大堆钱要是码出来,肯定很占地方,也重得惊人:一贯钱大约有六斤,万贯即有六万斤。所以,宋人发展出了一套商业信用,包括便钱、交引等,用以支持长途交易与大宗交易。

便钱是京师便钱务出具的汇票,商人只要在便钱务存入现钱,即可获得一张汇票,凭票可到各州官府开设的汇兑机构兑换成现钱。这样,假设京师的商人要到江淮收购商品粮,他大可不必押运一船沉重的铜钱前往,只需要身上带着一纸便钱就行了。

交引是官府支付的有价证券。商人到边郡入纳粮草等,官府估价后,即以高于市场价的收购价发给交引,商人凭交引可赴京城或产地领取钱或者茶、盐、矾、香药等货品。京师的折中仓也接受商人输粟,然后优价给予交引,凭引可至江淮领取茶、盐。交引有面额,人们往往不用交引提货,而是把交引当成货币用于交易支付。又由于交引面额蕴藏着巨大的利润空间,交引本身也作为一种特殊的商品(有价证券)被买入卖出,京师与"冲要州府"都出现了交易交引的交引铺,类似今天的证券交易所。

水运网络—长途贸易—商业信用,这是运河经济触发的连锁反应。运河还有另一项功能,也被宋朝人敏锐地捕捉到了——沿漕运线建设大型磨坊,用来加工粮食与茶叶。漕河便于磨坊原料与产品的运输,而且水流可以驱动水磨,能达成自动化生产。宋画《闸口盘车图》描绘的便是一个大型的官营磨面作坊,四五十个磨坊工人正在从事磨面、筛面、扛粮、扬簸、净淘、挑水、引渡、赶车等工序,而作坊的核心部件——磨面的机械即由水力带动。

宋朝官府对水力磨坊抱有强烈的兴趣,在京师与一部分州设立了"水磨务",管理水磨加工业。汴河之上,更是遍置官营水磨。水磨之多,甚至影响了汴河的航运与沿岸的农业灌溉,导致各方展开了对水资源的争夺。放在大历史中,这样的冲突显得意味深长,让人忍不住联想到英国工业革命初期"羊吃人"的冲突。

从某种意义上,英国的工业革命可以说就是水运推动出来的。中国经济史学家全汉昇先生认为，英国的煤矿之所以能够大规模生产，以满足工业化的需要，是因为这些煤矿都位于海岸线或河流附近。因此，在铁路网建设成功之前，可以利用便宜的水运将煤大量运输至各地市场出售。"在工业革命以前的英国，假如没有便宜而有效的水运，而只是用落后的交通工具在陆上运输，那么，煤矿开采出来的煤只能在附近十至十五英里的地方出售，如再运远一点，就要因为运费负担高昂而卖价太高，从而卖不出去了。"如果这样，工业革命便会失去产生的动力。

有时候，历史性的巨变就蕴藏在毫不起眼的细节当中。就如绚烂的烟花在未爆发之前，不过是一枚小小的炮筒。我们的遗憾是，宋朝的烟花绽放了，却又熄灭了。

从广州港起航的大宋商船

"粤商"作为一个商帮,出现于明清时期。那个时候中国开始形成了所谓的"十大商帮",其中以粤商、晋商与徽商为佼佼者。晋商在公司治理制度创新及金融业拓展上有着傲人的成绩,清代的票号、钱庄业几乎都被控制在山西商人手里。晋商创立的职业经理人制也使得山西票号的管理相当接近于现代公司;徽商则在保留传统价值观、维系乡村治理秩序方面做得非常出色。粤商呢?我觉得他们最大的商业贡献就是率先将商业触角伸入茫茫南海,与外番诸国展开海外贸易。

今人说到粤商的海外贸易史,总会提到清代广州的"十三行"。但实际上,广东商人开拓海上贸易之路的时间起点,可以追溯到秦汉时期。《史记·货殖列传》记载:"番禺,亦其一都会也,珠玑、犀、瑇瑁、果、布之凑。"说的便是广州商人早在两千年前便与海外番国开展珍珠、犀角等宝货贸易。

到宋朝时，广州港已经成为全国最繁华的港口，海外贸易达至鼎盛时期。宋人描述说："岭以南，广为一都会，大贾自占城（今越南中南部）、真腊（今柬埔寨境内）、三佛齐（苏门答腊）、阇婆（爪哇），涉海而至，岁数十柂。"从南洋而来的无数番船在这里靠岸，无数粤商的商船也从这里出发远航。宋诗"苍官影里三洲路，涨海声中万国商"描写的虽然是南宋泉州港的繁华贸易，但借用来形容广州港，也无不可。

宋朝广州海外贸易的发达，固然得益于其濒临南海的优越地理位置，更是宋朝开放的商业政策所引导的结果。

怎样的商业政策，决定了怎样的商业格局。明朝前期厉行海禁，官府取缔民间的海外贸易，民间商船不许下海，又要求海外各国必须先接受敕封，向明王朝称臣纳贡，然后才发给贡舶勘合，通贡互市。如此一来，势必导致宋元以来繁华的海外贸易迅速走向萧条。考古学者曾在马来西亚的砂拉越州发现了丰富的宋朝瓷器，却未发现明朝的瓷器，因此提出了一个"明代空窗期"的概念，用来概括明前期由于海禁，导致青花瓷器向东南亚的出口出现了空白期。

相比之下，宋朝的海外贸易政策要开放得太多了。宋太祖在平定岭南的南汉政权之后，便设立了大宋第一个海外贸易管理机构——广州市舶司。随后，宋朝又相继在泉州、杭州、明州、密州等重要港口城市设立市舶司，负责抽解（抽税）、博买部分进口商品、维护港口、发放"公凭"（外贸许可证）、禁止走私等事务，职能相当于今日的海关。在很长的时间内，广州港的贸易总额与税收居于全国前列。日本汉学家桑原骘藏认为，广州市舶司所征收的税额，占全国外贸税的十分之九以上。"故唐与北宋之互市，均以广州为第一。"直到南宋时，广州港的贸易额才被福建的泉州港超过。

宋朝的港口对来华贸易的番商敞开了怀抱。南宋绍兴年间，有一位叫蒲亚里的阿拉伯商人娶了中国仕女为妻，在广州定居下来，但高宗皇帝叫地方官府劝他归国。是宋朝不欢迎阿拉伯商人吗？不是的。而是因为蒲亚里在中国定居后便不再从事外贸了，官府希望他回国去招揽番商。

每一年，当来广州贸易的商船准备离港归国的时候，广州市舶司都会拨一笔巨款（约三千贯），设宴相送，请他们明年继续来华贸易。宴会非常盛大，"番汉纲首（相当于船长）、作头、梢工人等，各令与坐，无不得其欢心"。广州港的这一做法，也为宋朝其他港口城市的市舶司所效仿。

宋朝在广州、泉州等港口都设立了"望舶巡检司"，在海面上布置寨兵护航。这应该是世界上最早的保护商贸的海上护卫队吧。广东近海的㴝洲岛，便有寨兵哨望、守卫，从外洋而来的商船，每次行驶到㴝洲岛附近的海域时，便开始庆祝。为什么？这意味着安全了。因为这时候寨兵会将酒肉馈赠给他们，还会一路护送他们到达广州。

宋朝还在广州等港口城市设立番坊，供外国商人居住。番坊自选番长，实行自治，他们的生活习惯、风俗、宗教信仰乃至法律，都获得朝廷的尊重。宋朝又在番商集中居住的城市修建番学，比如在北宋，"大观、政和年间，天下大治，四夷向风，广州、泉州请建番学，供番商子弟入学读书"。八百年后，英国马戛尔尼使团向乾隆皇帝提出的通商请求，完全没有超过宋朝已施行的开放政策。如果我们走在宋朝的广州城，看到姓蒲的人，很可能就是定居于这里的阿拉伯人。"蒲"即阿拉伯姓氏"阿卜"的发音。一位宋朝人记录道："番禺有海獠杂居。其最豪者蒲姓，号'白番人'。"这些"白番人"非常富有，"定居城中，屋室稍侈靡逾禁……挥金如粪土，舆皂无遗，珠玑香贝，狼藉坐上，以示侈"。

宋朝也鼓励沿海的华商出海贸易。在发达的海外商贸的带动下，沿海一带不可避免地出现了走私风气——显然，走私可以逃避课税。有宋朝大臣建议朝廷出台措施，严厉取缔走私。但朝廷考虑再三，还是默许走私活动的存在。因为走私不过是沿海小商贩的谋生之路，不如睁一只眼闭一只眼；如果打击的话，可能会损害整个海外贸易的环境，挫伤商人的积极性。

广州商人从广州市舶司领到"公凭"之后，便可以从广州港起航，将他们的商船驶入南海，开至南洋群岛，穿过马六甲海峡，驶入孟加拉湾，然后入印度洋，经印度洋进入阿拉伯海与波斯湾，再沿着阿拉伯半岛海岸进入红海，或越过苏伊士运河入地中海，最远可到达非洲东海岸。

宋朝拥有遥遥领先于世界的造船技术，用于远洋航行的木兰舟，"舟如巨室，帆若垂天之云，柂长数丈，一舟数百人，中积一年粮，豢豕酿酒其中"，船舱之内可以养猪；还有更大的巨船，"一舟容千人，舟上有机杼市井"。此外，指南针技术也已经广泛应用于航海，宋朝商人开辟漫长的航线在技术上是完全没有问题的。

一艘从广州港出发的大宋商船，小者有一百多名海商与船员，大者有数百、上千人。他们有明确的分工，由巨商充任"纲首"（即船长），下面设有副纲首（大副）、直库、杂事、部领、梢工、舵工、火长、碇手、缆工，等等。每个海商可租用一块面积不等的船舱，"分占贮货，人得数尺许，下以贮物，夜卧其上"。也有一部分经营舶货的大海商自己不用出海，而是雇人出洋贸易。广东海商携带出洋的货物，多是广东出产或从其他城市运来的瓷器、丝绸等手工艺制品。待商船到达诸番国之后，又跟番商换成珍珠、象牙、香料、药材、胡椒等天然产品，返回中国贸易。

2007年从广东阳江海域打捞出水的南宋沉船"南海一号"，可以印证宋朝海外贸易与航海业之发达。这艘很可能从广州港（或泉州港）出发、开往东南亚或中东的南宋商船，长有30多米，宽近10米，船身（不算桅杆）高约4米，排水量估计可达600吨。船上装满了瓷器、金银器和铜钱。当时不知出于什么缘故，商船行驶到南海时突然沉没了。遥想八百年前，无数艘这样的巨大商船，就从广州港扬帆出发，带着大宋商人的商业梦想，驶入茫茫南洋……

那是一个波澜壮阔的大航海时代。

中国人的海神

我的家乡在海边,那里几乎每个乡里都有一座"天后宫",供奉妈祖。小时候并不知晓这神祇跟那神祇到底有什么差异,也就不觉得妈祖跟其他神灵相比,有什么特别之处。

及长,了解到妈祖的一些掌故,知道历史上妈祖确有其人。她出生于北宋初年福建的莆田,姓林名默。据宋人廖鹏飞《圣墩祖庙重建顺济庙记》记载,妈祖姓林,湄洲屿人。"初,以巫祝为事,能预知人祸福"。另一本宋朝笔记《莆阳比事》也称:"湄洲神女林氏,生而神异,能言人休咎。死,庙食焉。"可知妈祖生前是一名能预知人祸福的女巫。身故之后被莆田民间供奉为神女,又于宣和年间被宋徽宗敕封为"顺济夫人"。此后,历代帝王对妈祖多有册封,封号从"夫人"到"妃"再到"天妃",最后晋升为"天后"。

不过,我少年时受鲁迅杂文影响,总以为民间祭拜妈祖是"愚昧""封建迷信"的表现,而帝王敕封妈祖则是"愚民"

的伎俩。快到中年时,因为潜心研究宋朝历史,心性沉了下来,见识与阅历渐长,才知道妈祖信仰的出现,实在可以说是中国人开创了一个前所未有的大航海时代的历史见证。

在妈祖信仰出现之前,严格来说,中国是没有海神信仰的。虽然中国的上古神话中也有海神,如《山海经》记:"东海之渚中,有神,人面鸟身,珥两青蛇,践两黄蛇,名曰禺虢。"但这些海神是否受到崇拜,华夏先民是否已形成一个海神信仰体系,很难判定。后来随着佛教的传入,在民间神灵谱系中也产生了四大海龙王的神祇,但海龙王与其说是海神信仰之神,倒不如说是农业社会的陆上之神。你看海龙王被赋予"行云布雨"的神通,恰恰反映了农业社会最关心的问题:风调雨顺、五谷丰登。

应该说,中国社会到了宋朝,才产生了严格意义上的海神信仰,这一信仰的核心是祈求神灵庇护航海安全。除了莆田海神"湄洲神女"(妈祖)之外,宋朝泉州还出现过"通远王"海神。只不过随着妈祖获得越来越多的信众崇拜,"通远王"信仰逐渐湮没无闻。

为什么中国的海神信仰在时间线上产生于宋朝,在地理空间上又出现在莆田?这当然不是"上帝掷骰子"的随机现象,而是有着深刻的历史原因的。

宋代是中国历史上的大航海时代,也是海上丝绸之路的时间起点。尽管我们可以将海上丝绸之路的起源追溯到更早,汉代或者唐代，但不可否认，只有到了宋代，这条海上丝绸之路才真正繁荣起来。

宋朝比任何王朝都重视商业与海上贸易，先后在广州、泉州、杭州、明州、密州等重要港口城市设立"市舶司"，负责抽解（抽税）、博买部分进口商品、维护港口、发放"公凭"（贸易许可证）、禁止走私等事务。其职能相当于今日的海关。中国的海商只要到这些机构登记，领取"公凭"，便可以贩运商货出海。

凭着遥遥领先世界的造船技术、指南针技术与丰富的航海经验，宋朝海商将他们的商船开至南洋群岛，穿过马六甲海峡，驶入孟加拉湾，然后入印度洋，经印度洋进入阿拉伯海与波斯湾，再沿着阿拉伯半岛海岸进入红海。原来由阿拉伯商人控制航线的印度洋，在11世纪至13世纪时，已成了大宋商船的天下。

宋朝也鼓励海商招徕番商来华贸易，当时整个大宋的海岸线，北至胶州湾，中经杭州湾和福州、漳州、泉州金三角，南至广州湾，再到琼州海峡，都对外开放，与西洋、南洋诸国发展商贸。朝廷还在泉州、广州等港口城市设有番坊，供外国商人居住。又在番商集中居住的城市修建番学，供番商子弟入学读书。数百年后英国的马戛尔尼使团向清朝乾隆皇帝提出的通商请求，完全没有超过宋代已经施行的开放政策。

因为开放与重商，宋朝的海上贸易非常发达；同时，又由于大海茫茫，风云莫测，海盗出没，航海的商人不得不祈求于神灵庇佑。虔诚的海神信仰因此应运而生。按记录妈祖神迹的最早文献——宋代《圣墩祖庙重建顺济庙记》的记载，宋人修建"顺济庙"（妈祖庙），便是为了感恩妈祖救难护航、祈求妈祖庇佑平安："海寇盘亘则祷之，（妈祖）其应如响，故商舶尤借以指南，得吉卜而济，虽怒涛汹涌，舟亦无恙。"

成书于明代的《天妃显圣录》也收录了多则妈祖护航的传说，其中一则说：北宋年间，有个叫三宝的商人，满装异货，想要出海经商。起航前祈祝："神（指妈祖）有灵，此香为证：愿显示征应，俾水道安康，大获赀利，归即大立规模，以答神功。"后海商"泛舟海上，或遇风涛危急，拈香仰祝，咸昭然护庇。越三载，回航全安"。

宋代帝王敕封妈祖，也多为表彰妈祖护航之功。如宣和五年（1123年），宋徽宗赐莆田县神女祠"顺济"匾额，"顺济"二字即庇佑航海之意。宋朝敕封妈祖的次数，至少有14次，其中8次敕封与妈祖护航有关。

从某种意义上来说，朝廷对妈祖的敕封，恰恰是朝廷对于海上贸易支持度的反映。敕封次数越多，表示朝廷对海上贸易越重视；相反，如果很少敕封或干脆不敕封，则表示朝廷不在乎海上贸易。我们来看明朝，可以确证的敕封妈祖只有一次，即永乐年间封妈祖为"护国庇民妙灵昭应弘仁普济天妃"。这次敕封的背景正好是郑和下西洋，"时太监郑和使古里、满剌加诸番国还，言神多感应，故有是命"。之后明廷对妈祖再无敕封之举，尽管明朝民间的妈祖信仰更为普遍。民间信仰与官方态度的背离，实际上跟明朝不重视海上贸易、民间海上走私繁剧的社会现实是相契合的。而在清初三十五年间，朝廷厉行海禁，也未对妈祖进行过任何敕封。

从空间维度来看，妈祖信仰在莆田出现，也并非无缘无故。宋朝的泉州港，是海上丝绸之路最重要的空间起点。莆田邻近泉州，共享湄洲湾。北宋前期，莆田县还一度隶属于泉州，所以说妈祖是泉州人也无不妥。泉州是宋朝的港口城市，南宋时更成为最为繁荣的第一大港，每年的海上贸易额远超其他港口。

南宋末咸淳年间到过泉州的意大利商人雅各，在他的手记《光明之城》中这么描述泉州港的繁盛："这是一个很大的港口，甚至比辛迦兰还大，商船从中国海进入这里……每年有几千艘载着胡椒的巨船在这儿装卸，此外还有大批其他国家的船只，装载着其他的货物。就在我们抵达的那天，江面上至少有 15 000 艘船，有的来自阿拉伯，有的来自大印度，有的来自锡兰，有的来自小爪哇，还有的来自北方很远的国家，如北方的鞑靼，以及来自我们国家的和来自法兰克其他王国的船只。"有一首宋诗用"涨海声中万国商"来形容泉州港，并不是虚言。

邻近泉州的莆田本身也是一个繁忙的港口城市，清代《湄洲志》载："宋绍兴二十七年秋，莆田东五里许有水市，诸舶所聚，曰'白湖'。"白湖为宋朝时莆田的一大港口。在莆田，海商的足迹遍及南洋，"舟行迅速，无有艰阻，往返曾不期年，获利百倍"。他们扬帆出洋之时，要祭拜海神，祈求保佑。南宋诗人赵师侠游莆田，留有一首《诉衷情》小词，其中便写道："茫茫云海浩无边，天与水相连。舳舻万里来往，有祷必安全。"

莆田人的妈祖信仰就是随着海商的足迹而扩展开来的。北宋时期，妈祖信仰还只是以湄州岛的祖庙为中心，集中在湄州湾沿岸；然后沿海岸与港口传播，到南宋时，"妃祠遍于莆，凡大墟市、小聚落有之"；南宋后期至元代，泉州、宁波、杭州、广州乃至北方的烟台、天津等港口，都出现了妈祖庙，"神之祠不独盛于莆，闽、广、江、浙、淮甸皆祠也"；明初郑和七下西洋以及明清的民间海商，更是将妈祖信仰带到了海外诸番国，如马六甲的青云亭、槟城的广福宫、吉兰丹的兴安宫，都是明清商民兴建的妈祖庙。但凡中国商船所到之处，都会播下妈祖信仰的香火，从朝鲜半岛到日本列岛，再到南洋群岛，海上丝绸之路沿线的诸多国家，都有供奉妈祖的神庙。

妈祖是中国人开辟海上丝绸之路的保护神，也是中国大航海历史的见证人。一些西方的学者以及中国的学舌者都将人类文明区分为海洋文明（蓝色文明）与内陆文明（黄色文明）："西方文化是冒险的、扩张的、开放的、斗争的，这一切都孕育于他们的海洋文化；而东方文化是保守的、苟安的、封闭的、忍耐的，其原因在于东方文化孕育于内陆文化。"这显然是对华夏文明的偏见，或者干脆说就是无知。作为一个在1 000年前就开辟了海上丝绸之路、诞生了海神信仰的民族，开放的海洋文明存在于华夏历史与传统之中。

宋钱遍天下

"钱本中国宝货,今乃与四夷共用"

1898 年,德国的考古学家在非洲索马里的摩加迪沙挖掘到一些古铜钱。从钱币的文字看,这些古钱显然来自遥远的中国宋朝。这不是第一次从非洲东部出土宋钱,早在 1888 年,英国人已在坦桑尼亚的桑给巴尔岛发现了宋代铜钱。当然,这也不是最后一次在非洲发现宋钱。1916 年,马菲亚岛也出土了 3 枚宋钱;1945 年,桑给巴尔岛又挖出了大批古钱币。在现存的 176 枚钱币中,属于北宋的有 108 枚,南宋的有 56 枚;坦桑尼亚的基尔瓦港口与肯尼亚境内的哥迪遗址,也先后发现了"熙宁通宝""政和通宝""庆元通宝"等宋朝铜钱。

人们忍不住好奇:宋朝与东非远隔重洋,相距万里之遥,文明差异恍若隔世,这些宋朝铜钱为什么会跑到非洲去?

其实宋朝跟非洲诸国已有接触,宋人笔下的"弼琶罗",

即今之索马里的柏培拉,"层拔国"即今之桑给巴尔,"蜜徐篱"即今之埃及,"木兰皮"即今之摩洛哥。成书于宋理宗宝庆元年(1225年)的赵汝适的《诸番志》,辟有"弼琶罗""层拔国"等条目介绍其地理位置、风土人情。"层拔国"还数度派遣使团入贡宋朝。

《诸番志》也记录了一条从泉州到埃及的航线:"大食,在泉之西北;去泉州最远,番舶艰于直达。自泉发船四十余日,至蓝里(亚齐岛)博易,住冬;次年再发,顺风六十余日,方至其国。本国所产,多运载与三佛齐(东南亚古国)贸易贾转贩以至中国。其国雄壮,其地广袤。民俗侈丽,甲于诸番。天气多寒,雪厚二三尺,故贵毡毯。国都号'蜜徐篱',据诸番冲要。"

从中国到非洲,宋朝的海商至少已掌握了四条航线。每年入冬时节,庞大的商船从广州港或泉州港起航,航行四十余日,到达南洋亚齐岛,在这里博易、住冬,次年再前往非洲。其四条航线大致为:

一是从亚齐岛出发,至印度南部,沿海岸线航行到阿拉伯半岛,然后穿越红海,到达埃及;一是从亚齐岛出发,航行至阿拉伯半岛后,直接南下,抵达非洲东海岸;一是从亚齐岛出发,至马尔代夫群岛,然后穿过印度洋,到达阿拉伯半岛南端,渡过红海前往埃及;一是从亚齐岛出发,经马尔代夫群岛横穿印度洋,直达非洲东海岸的摩加迪沙,并南下桑给巴尔。

在摩加迪沙等东非城市出土的宋朝钱币,应该就是宋朝海商带到那里的。

发现宋朝铜钱的地方,当然不仅仅是东非城市。1827年,南洋的新加坡掘得来自中国的古钱币,多数为宋代铜钱;1860年,爪哇岛挖出中国铜钱30枚,过半为宋钱;1911年,斯里兰卡也出土了12枚宋钱;波斯湾、印度、越南、日本、朝鲜半岛,以及中国境内的辽、西夏、金的辖区,均有宋钱出土。可能从泉州港出发开往东南亚的南宋沉船"南海一号",也发现了大量铜钱,总数超过万枚。如果这艘南宋商船不是在南海沉没,这批宋朝铜钱将被输送到东南亚,成为当地流通的货币。

宋人张方平说:"钱本中国宝货,今乃与四夷共用。"从亚洲与非洲出土的文物来看,张方平的说法毫无夸张之处。各地出土的宋钱现在是博物馆或私人收藏的文物,但在800年前,则是流通于"四夷"的通货。

在与宋朝接壤的辽国,出使辽国的苏辙看到,"北界别无钱币,公私交易,并使本朝铜钱";在日本,南宋时期有大量宋钱涌入,竟喧宾夺主地挤走了日本政府的自铸币,成为市场交易的主要货币;在交趾,当局下令"小平钱(宋钱)许入而不许出";在南洋,诸番国"得中国钱,分库藏贮,以为镇国之宝。故入番者非铜钱不往,而番货亦非铜钱不售"。东南亚国家的传统是以金银等贵金属为通货,但贵金属货币一般只适宜用于大宗交易，民间琐碎交易使用金银非常不方便，只好采用以物易物的原始形式。而制作精良、信用良好的宋钱的流入，立即为当地的市场交易带来了便利，难怪当地人将宋钱视为"镇国之宝"。

说到这里，我们可以勾勒出宋朝铜钱的流通范围了——从宋朝本土，到相邻的辽国、西夏、金国境内，从汉字文化圈的朝鲜半岛、日本列岛、越南，到受阿拉伯与印度经济文化影响颇深的南洋诸岛国，从印度半岛到波斯湾，再到非洲东海岸，都有作为通货的宋朝铜钱流通于市场。

可以说，在11世纪至13世纪，宋钱是通行国际的"硬通货"。宋钱在海外的购买力非常坚挺："每是一贯之数，可以易番货百贯之物，百贯之数，可以易番货千贯之物，以是为常也。"

"绝无一文小钱，在市行用"

海外诸番国对宋钱的巨大渴求，导致有宋一代的铜钱外流非常严重。据宋史学者王曾瑜先生的估计，每年从宋朝流入海外的铜钱，约为100万贯至200万贯，相当于南宋年铸币量的一半。如此巨量的铜钱外流，无疑加剧了宋朝的"钱荒"。

宋朝是中国历史上铸钱最积极的时代，特别是北宋，铜钱的年铸造量最高达570万贯，平常年份一般都维持着100

万贯至300万贯的铸币量。后来的明朝，近300年的铸币总量竟然不及宋神宗元丰年间一年所铸的货币量。按中国货币史学家彭信威的估算，加上前朝留下的旧币，宋朝全国的货币流通总量约有二亿五千万贯。可见宋朝的市场规模之大。

但尽管如此，宋朝还是频频发生"钱荒"。如熙宁年间，两浙累年以来，大乏泉货（货币），民间称为钱荒；元祐年间，浙中钱荒；南宋初期，也是物贵而钱少；南宋后期，"钱荒物贵，极于近岁，人情疑惑，市井萧条"。从北宋到南宋，钱荒闹个不停，老百姓常常发现，市面上的钱用着用着就不见了，不知流到哪里去了。

宋钱到哪里去了？很多时候是被宋朝海商或海外番商带到海外去了。最严重的一次"钱荒"，发生在南宋理宗朝的一年春天：台州城的市民一觉醒来，忽然发现"绝无一文小钱，在市行用"，市面上居然几乎找不到一枚铜钱流通。原来，市面流通的钱都被日本商船收购走了。这些日本商船"先过温（州）、台（州）之境，摆泊海涯。富豪之民，公然与之交易"。日本人看中了宋朝的铜钱，于是低价出售日货，大量回收铜钱，"以高大深广之船，一船可载数万贯文而去"，致使台州一日之间爆发"钱荒"。

因此，宋朝一直严厉禁止商人携带铜钱出海。如北宋庆历年间，"边吏习于久安，约束宽弛，致中国宝货钱币，日流于外界"，朝廷重申禁令："以铜钱出外界，一贯以上，为首者处死；其为从，若不及一贯，河东、河北、京西、陕西人决配广南远恶州军本城，广南、两浙、福建人配陕西。其居停资给者，与同罪。如捕到番人，亦决配荆湖、江南编管。仍许诸色人告捉，给以所告之物。其经地分不觉察，官吏减二等坐之。"走私一贯钱出境即构成死罪，禁令不可谓不严。

然而，法令虽严，却是屡禁不止。由于宋钱在海外的购买力坚挺，携带铜钱出海非常有利可图，许多海商都铤而走险，想方设法避开市舶司的检查，走私铜钱出海。"南海一号"所运载的铜钱，也当为走私无疑。

因为看到法禁对于铜钱外泄的情况无可奈何，南宋乾道年间，终于有一名官员觉得忍无可忍，提出用"拔本塞源"的绝招来对付铜钱走私。这名官员就是静江府知府范成大，他向孝宗皇帝上了一道《论透漏铜钱札子》："每岁市舶所得，除官吏糜费外，实裨国用者几何？所谓番货，中国不可一日无者何物？若资国用者无几，又多非吾之急须，则何必广开招接之路？"既然如此，何不将明州（今宁波）等港口关闭掉，停止对外贸易？这便是"拔本塞源，不争而善胜之道"。

以今天的目光来看，范成大的建议显然是一个馊主意，确实堪称"拔本塞源"，不过拔的是开放制度之本，塞的是重商主义之源。如果朝廷采纳他的意见，那么发生在明清时期的"海禁"政策将提前来临，宋王朝的商业化与市场化转型也将遭受挫折。

"招徕远人，埠通货贿"

宋孝宗当然没有采纳范成大的馊主意，而是继续推行对外开放的政策。

大宋朝廷信奉的经济政策，跟明清时期有一个很大的区别，那就是对商业与市场表现得非常热心，对发展民间海外贸易的兴趣，远大于维持传统的朝贡贸易。

10世纪的宋朝皇帝曾经跟18世纪的英王一样，派遣特使分赴海外，招徕贸易。如北宋雍熙四年（987年），宋太宗"遣内侍八人赍敕书金帛分四纲，各往海南诸番国勾招进奉，博买香药、犀牙、真珠、龙脑"。跟海外诸番国展开海上贸易，成为宋王朝的惯例。南宋建立后，宋高宗也提出了"宜循旧法，以招徕远人，埠通货贿"。高宗皇帝相信，"市舶之利最厚，若措置得当，所得动以百万（贯）计，岂不胜取之于民？朕所以留意于此，庶几可以少宽民力。"

宋人将从海路进行的国际贸易称为"市舶"，发达的市舶可以让朝廷获得丰厚的商税收入，何乐而不为呢？而传统的朝贡贸易，从经济收益来说，则是得不偿失的，"朝廷无丝毫之益，而远人获不赀之财"。正因为这样，宋王朝有意弱化朝贡贸易，宋高宗曾下令商船不得擅载外国入贡者，否则将处以二年徒刑，财物没收。显然，如果海外诸国以朝贡的名义来华贸易，势必会冲击民间的外贸总量，进而影响到朝廷的抽税。这是宋王朝不希望看到的。

在禁止海商擅载外国入贡者的同时，朝廷又鼓励海商招徕番商来华贸易，"番商有愿随船来宋国者，听从便"。对"招商引资"有突出贡献的海商，朝廷还会给予奖励："诸市舶纲首，能招诱舶舟，抽解物货，累价及五万贯、十万贯者，补官有差。"

大宋的任何海商，只要在设于广州、泉州、杭州、明州、密州等重要港口的市舶司领取"公凭"（外贸许可证），便可贩运商货出海，将他们的商船驶往太平洋、印度洋、波斯湾、红海，甚至地中海。广州、泉州、杭州、明州、密州等港口，也对海外番商敞开门户，欢迎番商来华贸易。番商的在华利益与权利受到朝廷的保护，宋高宗时期的一条立法称："有亏番商者，皆重置其罪。"

当然，保持门户开放与发展海外贸易的结果，就是宋钱无可避免地流向海外，导致国内发生"钱荒"。怎么办？宋朝的应对方案是发行纸币。南宋的市场规模不亚于北宋，但南宋的铸钱量远远比不上北宋，这是因为纸币——"会子"在南宋的应用已经非常广泛。

南宋"会子"的前身是北宋"交子"。"交子"还不是完全的信用货币，必须有准备金作为信用保证。北宋的经济学者还发现，国家发行纸币，准备金不需要足额，只要有 2/3 的准备金便可以维持币值的稳定。而"会子"则是完全的信用货币了，已不需要准备金。南宋的经济学者已经明白，纸币的面值完全可以用国家信用来背书："欲其（纸币）价常赢而无亏损之患，常用于官而不滞于私，则可矣。"而纸币贬值则是因为国家滥印钞票，"楮（纸币）之为物也，多则贱，少则贵，收之则少矣"。

诞生于宋朝的纸币，让后来的欧洲商人感到不可思议。13世纪从欧洲来到中国旅行的意大利商人马可·波罗发现，元朝商民所使用的货币并不是欧洲人熟悉的金银，而是一种神奇的纸张。马可·波罗无法理解，为什么一张自身几乎没有任何价值的楮纸居然可以在市场上购买任何商品，只好将纸币形容为"大汗专有方士之点金术"。

元朝流通的纸币，当然不是"大汗"的发明，而是宋朝文明的遗物。

"宋代中国若自由发展下去，将可能主导航海世界"

宋朝对包括海外贸易在内的商业的热切，动机可能很简单：商业税能够更加快速地扩张财政。但我们从历史演进的角度来看，当朝廷将关切的目光从传统农业税转移到商业税上面时，势必会触发一系列连锁反应：为了扩大商业税的税基，朝廷要大力发展工商业。为发展工商业，朝廷需要积极修筑运河，以服务于长途贸易；需要开放港口，以鼓励海外贸易；需要发行信用货币、有价证券与金融网络，以助商人完全交易；需要完善民商法，以对付日益复杂的利益纠纷；需要创新市场机制，使商业机构更加适应市场，创造更大利润……最后极有可能促成资本主义体系的建立。

历史最终没有给予宋代中国发展出资本主义体系的机会。不过，宋王朝确实取得了令人瞩目的商业成就，发展出了不同于其他王朝的文明状态。也许数字更能直观地说明问题：从财税结构的角度来看，北宋熙宁年间，农业税的比重降至30%，来自工商税与征榷的收入占了70%的比重；南宋淳熙—绍熙年间，非农业税更是接近85%，农业税变得微不足道。这是历代王朝从未有过的事情。晚清在洋务运动后的1885年，田赋的比重才下降至48%，关税、盐课与厘金的收入总共占了52%。在南宋朝廷每年近一亿贯的财政收入中，来自市舶的收入（包括进口商品抽税、进口香药专营利润）最高贡献了340万贯，大约占3.4%。

从外贸依存度的角度来看，北宋后期，宋王朝一年的进出口总额超过2 300万贯。到了南宋绍兴晚年，年进出口总额接近3 800万贯。北宋后期，东南沿海一带的外贸依存度达到11.5%，南宋时期的外贸依存度就更高了。要知道，1978年中国的外贸依存度也只有9.8%（参见熊燕军《宋代东南沿海地区外向型经济成分增长的程度估测及其历史命运》）。

从城市化的角度来看，北宋的城市人口占总人口的20.1%，南宋时达到22.4%。而清朝中叶（嘉庆年间）的城市化率约为7%，民国时才升至10%左右，到1957年，城市化率为15.4%。如果没有发达的工商业，宋代中国不可能形成历史上最高比例的城市人口。

从人均国民收入的角度来看，据香港学者刘光临先生的统计，北宋末1121年，宋人的人均国民收入为7.5两白银，远远超过"资本主义萌芽"的晚明与清代的"乾隆盛世"。这是纵向的比较。来看横向的比较，英国经济史学家安格斯·麦迪森认为："在960—1280年，尽管中国人口增加了80%，但人均国内生产总值却由450美元增加到600美元，增加了1/3；欧洲在960—1280年，人口增加了70%，人均国内生产总值则从400美元增至500美元，只增加了1/4。"换言之，宋代的经济与生活水平，不但优于中国其他王朝，而且领先于同时代的欧洲。

这些统计数字以及宋朝重商主义的表现，使得宋朝的中国看起来就如资本主义刚刚兴起时的地中海国家。怪不得海外的许多汉学家都认为宋朝是"现代的拂晓时辰"。在他们眼里，最为光彩夺目的中国王朝，不是强盛的汉唐，而是似乎有些文弱的两宋。美国耶鲁大学的中国现代史教授乔纳森·斯彭斯曾在《新闻周刊》上撰文评价宋代中国：

"上一个中国世纪是11世纪。当时，中国是世界上最大也是最成功的国家。它的领导地位源于一系列的因素,从技术上的发明到工业企业的兴起和管理良好的农业,从普遍的教育和行政管理试验的传统到对宗教和各种哲学思想的宽容……上一个千年的中国,是世界超级大国,也是世界上最强大的国家。"

宋朝人用的钞票是什么样子的

大家都知道，世界上第一张纸币诞生在北宋时的四川，叫"交子"；南宋时，宋朝还发行了一种流通范围更大的纸币，叫"会子"；此外，宋朝又有几种小范围通行的纸币，如湖北会子、两淮交子、关外银会子。另有几种使用时间很短的纸币，如陕西交子、诸路钱引、小钞。所有这些纸币加起来，总的发行量远远超过10亿贯，却从未有一张宋代的纸币出土、传世。我们挖出了数以吨计的宋朝铜钱，就是找不到一张宋朝纸币实物。所以，宋朝纸币到底是什么样子的，还真说不清楚。

现在我们只能根据零散的文字记载，来拼接交子或会子的大体形状。

● 四川交子分为两个阶段：私交子阶段与官交子阶段。宋人李攸的《宋朝事实》提到私交子的形制："益州豪民十余万户连保作交子……诸豪以时聚首，同用一色纸印造。印文用屋木人物，铺户押字，各自隐密题号，朱墨间错，以为私记。书填贯，不限多少。"由此可知，私交子为朱墨两色印刷，票面印有"屋木人物"图案，又有交子铺户的"押字"（签名），有"隐密题号"（暗记），面额为临时填写的。

后来私交子因为信用欠佳，引发争讼，四川官府遂将交子收为官营，由朝廷发行。官交子的用纸，使用楮皮纸，所以宋人又将纸币称为"楮币"。据元人费著的《笺纸谱》："（四川）凡造纸之物，必杵之使烂，涤之使洁，然后随其广狭、长短之制以造，砑则为布纹，为绫绮，为人物花木，为虫鸟，为鼎彝，虽多变，亦因时之宜。"这种楮皮纸有暗花纹，类似于今天钞票的水印，可以起到防伪的作用。宋人说，楮币"尽用川纸，物料既精，工制不苟，民欲为伪，尚或难之"。

官交子的券面又是什么样子的呢？费著《楮币谱》记述说："大观元年五月，改交子务为钱引务，版铸印凡六：曰敕字、曰大料例、曰年限、曰背印，皆以墨；曰青面，以蓝；曰红团，以朱。六印皆饰以花纹，红团、背印则以故事。"可知官交子（北宋末改为钱引）采用铜版印刷，黑、蓝、红三色套印，图案更为复杂。

经济史学家彭威信先生所著的《中国货币史》有对四川钱引印刷样式的介绍，我引述出来吧："每张钱引用六颗印来印制，分三种颜色，这是多色印刷术的开始。第一颗印是敕字，第二是大料例，第三是年限，第四是背印，这四种印都用黑色。第五是青面，用蓝色。第六是红团，用红色。六颗印都饰以花纹，例如敕字印上或饰以金鸡，或饰以金花，或饰以双龙，或饰以龙凤。每界不同……拿整张钱引来说，最上面是写明界分，接着是年号（如辛巳绍兴三十一年），其次是贴头五行料例（多是些格言），其次是敕字花纹印，其次是青面花纹印，其次是红团故事印，其次是年限花纹印（多为花草），再其次是背印，分一贯和五百文两种，最后是书放额数。"

说到这里，不能不提一块被许多人传为"交子"印版的钞版。这块钞版发现于20世纪初，现已下落不明，但有拓片传世，一直被拿来当成北宋交子的插图。从拓片看，钞版的上方为十枚铜钱图案；中间是一行文字："除四川外，许于诸路州县公私从便主管，并同见钱七百七十陌流转行使"；下方是粮食仓库与搬运工图案，右上角有"千斯仓"三字，所以研究者也将这一钞版称为"千斯仓钞版"。

但"千斯仓钞版"绝不可能是宋代的四川交子（或钱引）。理由有三：一、此版字体丑陋，不合宋代的雕版水准；二、此版样式不合文献记述的川交（川引）形制；三、此版有"除四川外"文字，更是表明它不是四川交子（或钱引）。我倾向于认为这是一块伪造的钞版。

接着说南宋时发行的东南会子。

宋人吕午的《左史谏草》提到第十七界、十八界会子的主图案："当时，十七界曰瓶楮，十八界曰芝楮，取绘物名。"可知每一界会子的券面主图是不一样的（四川钱引也是如此），第十七界会子的主图是宝瓶，第十八界会子的主图是灵芝。

会子印出来之后，还要加盖官印。据《宋史·食货志》记载，会子"每界给印二十五：国用印三钮，各以'三省户房国用司会子印'为文；检察印五钮，各以'提领会子库检察印'为文；库印五钮，各以'会子库印造会子印'为文；合同印十二钮，内一贯文二钮，各以'会子库一贯文合同印'为文；五百文、二百文准此"。可知每一张会子必须钤盖"三省户房国用司会子印""提领会子库检察印""会子库印造会子印"以及标明面额的"合同印"这四枚官印，才可以投放、流通。

宋人还提到，"作伪者（伪造会子的人）他皆可为，惟贯百例不能乱真，故多败"。看来标明会子面额的"合同印"还有特别的防伪暗记，外人并不知情。

东南会子也有一块疑似的铜钞版传世。此版现藏于国家博物馆，为竖长方形版，长17.4厘米，宽11.8厘米，上方左侧刻"大壹贯文省"五字，右侧刻"第壹佰拾料"五字，中间方框内又有56个小字："敕：伪造会子犯人处斩，赏钱壹阡贯。如不愿支赏，与补进义校尉。若徒中及窝藏之家能自告首，特与免罪，亦支上件赏钱，或愿补前项名目者听"。钞版的正中央是一行大字："行在会子库"。下面是图案。

但是，这枚"行在会子库"钞版同样很可疑：一、钞版样式不合文献记载的东南会子形制；二、钞版图案与字体都很拙劣，实在不合宋人的雕版水平；钞版大小也不合宋朝楮币尺寸，宋人说，"钞引、交子，盈尺之纸耳。"可知楮币与钞引的尺寸接近，约尺许见方。《宋会要辑稿·食货》载有盐钞尺寸：长一尺七寸，宽一尺一寸。可知会子也应该是长约一尺七寸，宽约一尺一寸。

也许，只有等到交子或会子的实物出土，我们才可以看到宋朝纸币的庐山真面目。

宋朝的房地产市场有多火

历史上，房地产市场最为活跃的时代，我看非两宋时期莫属。当时的房地产换手率极高，"贫富无定势，田宅无定主"，"人家田产，只五六年间，便自不同"。为满足频繁的房地产交易，宋朝城市满大街都是房地产中介，叫作"庄宅牙人"。而频繁的换手率也意味着房子不愁卖不出去，因而宋朝的放贷机构很欢迎不动产抵押贷款。而在商业低迷的明朝前期，当铺便倾向于拒绝不动产抵押。

为什么宋朝的房地产市场这么活跃？不必奇怪，因为宋朝商品经济发达，城市化方兴未艾，人口流动频繁，跟今天的趋势一样，宋人发迹后也喜欢往大城市挤。南宋的洪迈观察到，"士大夫发迹垄亩，贵为公卿，谓父祖旧庐为不可居，而更新其宅者多矣。复以医药弗便，饮膳难得，自村疃而迁于邑，自邑而迁于郡者亦多矣"。而一个人从农村搬到城市，首先必须解决的事就是有个栖身之所，或购房，或租房，于是便催生了一个火爆的房地产市场。

据包伟民先生的估算：北宋后期，汴京市区的人口密度约为每平方千米 12 000 人至 13 000 人；南宋淳祐年间，临安府市区内的人口密度约为每平方千米 21 000 人，咸淳年间，甚至可能达到每平方千米 35 000 人。这是什么概念？今天纽约、伦敦、巴黎、香港的人口密度大致在每平方千米 8 500 人以下，东京都与广州市区的人口密度为每平方千米 13 000 人，北京约为每平方千米 14 000 人。换言之，宋朝特大城市的人口密度居然超过了今天的国际大都市。

如此之高的城市人口密度，势必导致大城市的商品房始终处于供不应求的卖方市场形态，房屋的销售价与租赁价越推越高。北宋前期，汴京的一套豪宅少说也要上万贯，一户普通人家的住房，叫价 1 300 贯；而到了北宋末年，京师豪宅的价格更是狂涨至数十万贯，以购买力折算成人民币，少说也得 5 000 万元以上。难怪宋人要感慨说："重城之中，双阙之下，尺地寸土，与金同价，非勋戚世家，居无隙地。"

租房族

由于首都房价太高，宋朝政府又没有为所有京官提供官邸，所以许多官员都买不起京师的房子，只好当了"租房一族"。这有北宋名臣韩琦的话为证："自来政府臣僚，在京僦官私舍宇居止，比比皆是。"

如果我们去翻宋诗，便会发现，不止一位当官的宋朝诗人在诗中感叹租房过日子的生活。欧阳修官至知谏院兼判登闻鼓院，还是只能在开封租房子住，而且房子非常简陋。他曾写诗发牢骚："嗟我来京师，庇身无弊庐。闲坊僦古屋，卑陋杂里闾。邻注涌沟窦，街流溢庭除。出门愁浩渺，闭户恐为潴。墙壁豁四达，幸家无贮储。"这套破旧的古屋，每逢下大雨就浸水。

当过御史中丞的苏辙，也是在京师买不起房子，一直住在出租屋。为此他多次在诗中自嘲："我生发半白，四海无尺椽""我老未有宅，诸子以为言"。他的朋友李廌乔迁新宅，苏辙写诗相贺，同时也表达了他的"羡慕嫉妒恨"："我年七十无住宅，斤斧登登乱朝夕。儿孙期我八十年，宅成可作十年客。人寿八十知已难，从今未死且盘桓。不如君家得众力，咄嗟便了三十间。"直到晚年，苏辙才在二线城市许州盖了三间新房，喜难自禁，又写了一首诗："平生未有三间屋，今岁初成百步廊。欲趁闲年就新宅，不辞暑月卧斜阳。"

苏辙的哥哥苏轼门下有四弟子：秦观、张耒、黄庭坚、晁补之，人称"苏门四学士"。他们都在汴京租房子，其中晁补之与张耒同居馆职，同在城南僦舍，比邻而居，两人经常诗酒唱酬。后来张耒在一首送给晁补之的诗中回忆说："昔者与兄城南邻，未省一日不相亲。谁令僦舍得契阔，此事我每愧古人。"想起只能在出租屋招待朋友，诗人心中不免有些惭愧。

还有一位叫作穆修的小官，也曾给朋友写信发牢骚："半年住京，延伺一命，虽室有十钱之物，亦尽为薪米、屋直之费。"每个月都要为房租发愁，日子过得比今日的"房奴"好不了多少。与穆修同病相怜的还有一位叫章伯镇的京官，他说："任京有两般日月：望月初，请料钱，觉日月长；到月终，供房钱，觉日月短。"看样子，这位章大人还是一名"月光族"。

其实章伯镇也不用抱怨，因为在他那个时代，连宰相都要租房子住。朱熹考证说："且如祖宗朝，百官都无屋住，虽宰执亦是赁屋。"宋真宗时的枢密副使杨砺，租住在陋巷，他去世的时候，宋真宗冒雨前往祭拜，发现巷子狭窄，连马车都进不了，"乘舆不能进，步至其第，嗟悯久之"。

直到宋神宗时，朝廷才拨款在皇城右掖门之前修建了一批官邸。这批官邸，只有宰相、参知政事、枢密使、枢密副使、三司使、三司副使、御史中丞、知杂御史才有资格入住。部长以下的官员，还是"僦舍而居"。

历史学者杨师群估计，北宋东京城内外，约有半数以上人户是租屋居住的。其中从一般官员到贫苦市民，各阶层人士都有。换言之，汴京居民的房屋自有率才50%，这个水平跟今日美国城市的房屋自有率差不多。据美国国家人口普查局发布的 2010 年官方普查数据，美国居民的房屋自有率为 65.1%，城市的房屋自有率仅为 47.3%，纽约市只有 33.0%。由此可见，经济越是发达的大城市，房屋自有率越低。汴京的房屋自有率仅为 50%，正是反映了这个特大都市的繁华。

当然，你要是生活在北宋汴京，要租套房子还是非常方便的，因为汴京的房屋租赁市场是极为发达的。那么京城的房租高不高？这就得看是什么样的房子了。高档住宅的租金肯定很贵，每月从十几贯到几十贯不等。元祐年间，御史中丞胡宗愈租了一套民宅，"每月僦直一十八千"。而租赁"店宅务"管理的公租屋，即政府提供的"廉租房"，每月只要四五百文钱就行了。

开发商

由于租房需求旺盛，宋朝城市的租赁市场一直很火爆。你要是在宋朝大城市拥有一套像样的房产出租，基本上就衣食无忧了。司马光做过一个估算："十口之家，岁收百石，足供口食；月掠房钱十五贯，足供日用。"

每个月 15 贯的租金收入还算是少的啦。南宋时的建康府（今南京），"有房廊之家，少者日掠钱三二十千"，每天收到的房租至少有二三十贯，折算成人民币的话就是上万元。怪不得宋朝人认为，出租房子来钱太容易了，连白痴都能赚到钱。宋·陶榖《清异录·钱井经商》："僦屋出钱号曰痴钱。故僦赁取直者，京师人指为钱井经商。"

因此，宋朝的有钱人家，几乎都热衷于投资房地产（另一个投资热点是放贷业）。现在的房地产开发商基本上都是盖房子出售，宋朝的开发商则是盖房子出租。南宋初，"豪右兼并之家占据官地，起盖房廊，重赁与人，钱数增多，小人重困"。一名叫张守的南宋人也说："窃谓兼并之家，物业不一，或有邸店房廊，或有营运钞物，初无田亩，坐役乡里，似太优幸。"这里的"邸店房廊"即是用于出租的房产，"营运钞物"则是放贷业。

有些贪婪的官员，也违规经营房地产业，如仁宗朝的宰相晏殊，"营置资产，见于蔡河岸上，托借名目，射占官地，盖屋僦赁"，结果被谏官蔡襄严词弹劾。徽宗朝的宰相何执中，"广殖货产，邸店之多，甲于京师"，我们无法确知何家到底有多少房产，只知道他"日掠百二十贯房钱"，每日租金收入有120贯，月入3600贯，是宰相月俸的8倍。北宋"六贼"之一的朱勔更厉害，"田园第宅富拟王室，房缗日掠数百贯"。

但最具商业头脑的开发商，还得属真宗朝的宰相丁谓。他在汴京冰柜街购置了一块地皮，由于冰柜街地势低洼，经常积水，所以被辟为储备消防用水的用地。可以想象，这个地方人烟肯定比较稀少，地价自然也比较便宜。丁谓要在这里修建房子，同僚都笑他傻。其实丁谓这个人很聪明，他在宅基地附近开凿了一个大水池，既可将积水蓄于一处，又可以用挖出来的泥土来垫高地基。然后他又修建了一座桥后，再向朝廷奏请开辟保康门为通衢，很快冰柜街便成了汴京的繁华地段，地价与房价都迅速上涨。而丁谓的房子恰好处于商圈的重要位置，"据要会矣"。如果转手卖掉，或者放租，价格就很高了。

宋朝政府是历代少见的商业驱动型政府，眼看着房地产市场如此有利可图，也积极投身进去，在都城与各州设立"店宅务"，相当于官营房地产公司，专门经营官地与公屋的租赁。天禧元年（1017年），汴京店宅务辖下有23 300间公租屋；天圣三年（1025年），京师公租屋的数目又增加到26 100间。

宋政府设"店宅务"经营公租屋，目的有三：一是分割房屋租赁市场的利润，以增加财政收入。宋人说，"国初财赋，二税之外，惟商税、盐课、牙契、房租而已"，房租是宋政府财政收入的重要来源之一。二是将公租屋的租金设为专项基金，用于维持当地的公益事业。如苏轼在惠州时，指导广州太守建成一个城市自来水供水系统。为维护这个自来水系统，苏轼又建议在广州城中建一批公租房，"日掠二百"贯房租，"以备抽换（水管）之费"。

三是为城市的中低收入者提供基本住房。相对于私人放租的高档房屋，"店宅务"的房租可以说是比较低廉的。天禧元年开封府"店宅务"辖下的一间公租屋，每月租金约为

500文；到了天圣三年，在物价略有上涨的情况下，租金反而降为每间每月430文。当时一名摆街边摊做小买卖，或者给公私家当佣工的城市底层人，月收入约有3 000文，每月四五百文钱的房租，应该说还是负担得起的。

房市调控

房子不仅是开发商与政府的摇钱树，更是居民生存于社会必不可少的容身之所。因此，宋政府也不敢放任房价一再飙升，动用行政手段干预市场是少不了的——尽管这样的做法，在今天的经济自由主义者看来极不可取。

今人见识到的"限购"政策，其实宋朝政府已经在使用了。宋真宗咸平年间，朝廷申明一条禁约："禁内外臣市官田宅。"即不准中央及地方官员购买政府出让的公屋。为什么要这么规定？因为宋政府希望将申购公屋的机会留给一般平民。

宋仁宗天圣七年（1029年），宋政府又出台了"第二套房限购"政策："诏现任近臣除所居外，无得于京师置屋。"现任高官除了正在居住的房产之外，禁止在京师购置第二套房。至于平民是不是也受"限购令"的约束，史料没有说明。想来这次"第二套房限购"，应该只针对在京的高官。

由于两宋时期大城市的房屋自住率不高，"租房族"数目庞大，宋政府将房市调控的重点放在房屋租赁价格上，时常发布法令蠲免或减免房租：大中祥符五年（1012年）正月，"诏：以雪寒，店宅务赁屋者，免僦钱三日"；大中祥符七年（1014年）二月，又诏令"贫民住官舍者，遇冬至、寒食，免僦值三日"。这里的"官舍"，就是"店宅务"经营的公屋。这些公屋在某种程度上具有"廉租房"的性质，租住者又多为城市的中低收入群体，因而，宋政府在极端天气时节（雪寒）或重要节日免除租户数日房租，合情合理。

不过，有时候，宋政府也会要求私人出租的房屋与公屋一起减免租金。如北宋至和元年（1054年）二月，"诏天下州县自今遇大雨雪，委长吏详酌放官私房钱三日，岁毋得过三次"；南宋绍兴十二年（1141年）二月，"诏免京城公私房廊一月"，廿一年（1151年）二月，"诏行在（杭州）官私僦舍钱并减半"。

以今天的目光来看，政府明令私人出租屋减租，无疑是不尊重市场定价与私有产权的表现。但在当时，这一政策也有它的合理性：那些当包租公的，通常都是形势户，非富即贵；而蜗居于出租屋的则多为弱势群体，出于"利益的平衡"考虑，让形势户减收一点租金，似乎也不是特别过分。

当然这里有一个"度"需要政府把握好，偶尔蠲免几天房租那情有可原，如果经常性地要求业主这么做，则势必会受到业主的抵制、市场的报复。南宋末有一位叫胡太初的官员，就对政府频繁放免房租的做法提出了非议：官府老是要求业主将租金打折,那今后谁还愿意将房屋租给别人居住?就算租出去,房屋坏了,业主也必不愿意掏钱修葺,最后租户将无屋可居。官府的做法看似是恤民,其实是不知道贫富相资的道理。

宋朝毕竟是商品经济很发达的时代,人们对市场的定价机制并不陌生。如南宋的叶适认为,"开阖、敛散、轻重之权不一出于上,而富人大贾分而有之,不知其几千百年也,而遽夺之,可乎?"对富人的财产权,宋人也明确提出了要给予保护。如苏辙痛骂王安石:"王介甫,小丈夫也。不忍贫民而深疾富民,志欲破富民以惠贫民,不知其不可也。"所以才有明白人站出来非议政府的减租政策,强调"贫富相资"的道理。

附录1
假如一千年前有诺贝尔奖

假如一千年前就有了诺贝尔奖,哪些中国人会有机会问鼎呢?

之所以将假设的时间点放在一千年前,是因为一千年前的中国适逢宋代,那是中国经济文化的顶峰。历史学家陈寅恪先生便认为,"华夏民族之文化,历数千载之演进,造极于赵宋之世。后渐衰微,终必复振"。

宋代也是中国科学发展的鼎盛期,写《中国科学技术史》的李约瑟说道:"每当人们在中国的文献中查找一种具体的科技史料时,往往会发现它的焦点在宋代,不管在应用科学方面,或纯粹科学方面,都是如此。"那个时代如果有诺贝尔奖,中国人获奖必如探囊取物。

物理学奖

曾当过大宋社科院院士(馆阁校勘、集贤校理)的北宋科学家苏颂,最有资格问鼎11世纪的诺贝尔物理学奖。这位在工程学与天文学上有着极深造诣的大学者历时数年，终于在1092年与韩公廉等人一起成功组装出一个集观测天象、计算时间、报告时刻诸功能于一体的自动化天文机械——水运仪象台，率先使用了擒纵装置，由水力驱动，一昼夜浑象自转一圈；每到一定时刻，就有木人自行出来敲钟击鼓、报告时刻、指示时辰，是世界上最早的天文钟。苏颂又将水运仪象台的总体与各部件绘图加以说明，著成《新仪象法要》一书。因此，今人根据苏颂的记载，还可以复制出水运仪象台。

颁奖词：人类对于自动化技术的渴望无疑是推动历史的最大动力之一，苏颂做出的贡献使得人们运用精密的仪器完成自动化划分时间刻度成为可能。他还将时间的流动与天体的运行紧密联系在一起，启示了未来人们对宇宙奥秘的探索。

化学奖

比苏颂年轻11岁的沈括，担任过北宋社科院院士、天文学院院长（钦天监）及宋政府的"外交官"，是一位全才式的科学天才，对天文、历法、地质、光学、医学、数学等领域都有过人的研究。他通过一次又一次的实验，发现磁针在指南的时候，"常微偏东，不全南也"。这是世界上最早的对地磁偏角的记录。他又发现，日月星体为球形，月球并不发光，其光亮来自太阳光的反射。他又发现，硫酸钙晶体解理之后的"最小单元",都具有相同的晶形,为六角形,规整如同龟甲。如果不是对大自然的奥秘有着赤子一般的好奇心与求知欲,恐怕沈括不会有这么新奇的发现。

颁奖词:沈括在他的著作《梦溪笔谈》中首次提出了晶体具有解理性的特点。七百年后,法国科学家阿羽依才有相同的发现。一个化学奖不足以说明沈括的全部成就,我们授予沈括此奖,是为了表彰他对于世界万物都保持着好奇心的赤子精神,那是人类社会的科学技术每一点滴进步的永恒源泉。

生物学或医学奖

如果要给13世纪的宋人颁发一个生物学或医学奖,那么这个人非南宋的宋慈莫属。这位著名的法医、大法官开创了法医鉴定学,因此宋慈被尊为世界法医学的鼻祖。他完成于法官任上的《洗冤集录》,是世界上最早的法医学专著,记述了人体解剖、检验尸体、勘察现场、鉴定死伤原因、自杀或谋杀的各种现象,并区别了溺死、自缢与假自缢、自刑与杀伤、火死与假火死的鉴别,这些技术至今还在应用。

颁奖词:在世界其他国家还匍匐在神判的阴影下时,宋王朝的法官宋慈已开发出一套完善的刑事检验方法,运用精湛的法医技术,准确分析出死者致死的原因,并能重建刑事案发生的现场。这一技术应用于刑事审判,为无数人洗雪了不白之冤。

文学奖

宋代的文学星空璀璨，李清照是其中比较耀眼的一颗。这位才情与豪气均巾帼不让须眉的女词人，前半生过着优裕、幸福的小日子：写诗、读书、点茶、打麻将、与丈夫赵明诚到大相国寺淘宝。后半生因为金兵南下，国破家亡，生活开始颠沛流离，境遇孤苦。赵明诚死于战乱，与新任丈夫成婚不久，又因为感情不和而离婚。家国的变故，人生的转折，使得李清照词风大变，作品多了一种人生苍凉的况味。

颁奖词：宋代有资质获得文学奖的文学家绝不止一位，从苏轼到辛弃疾，从柳永到姜白石，我们可以列出一个长长的名单。之所以将诺奖的桂冠授予李清照，是考虑到她是一位女性。李女士的文学成就，挑战了"女子无才便是德"的古训，也让我们体会到一种只有女性笔触才能够刻画的难以排遣的忧伤。相信一千年之后，她的作品仍能打动人心。

和平奖

签订"澶渊之盟"的大宋皇帝赵恒与辽国太后萧绰，可以当之无愧地获得11世纪初叶的诺贝尔和平奖。根据盟书，宋辽约为"兄弟之国",地位平等;宋朝每年给予辽国一定的经济援助;约定两国互不增加边防设施;又约定司法上的合作,订立罪犯引渡协定;双方在边境开设榷场,开展贸易。"澶渊之盟"的订立,给宋辽两国带来了一百多年的和平。期间尽管发生过一些冲突与纠纷,但基本上都能够通过和谈解决,不至于诱发战争。

　　颁奖词:"澶渊之盟"开创了一种全新的国际关系:和平相处,平等交往,双边贸易。并以缔约的形式确立双方的权利、义务。19世纪西方民族国家主导建立起来的近代国际关系,其文明含量也没有超出"澶渊之盟"的框架。

经济学奖

　　11世纪20年代的诺贝尔经济学奖应该授予发行世界第一张纸币的益州交子务。交子,原为四川商民自发发行的银行券,后因主持交子铺的富民"资产浸耗,不能即偿",交子无法即时兑换成现钱,引发争讼,宋政府便关闭了民营的交子铺,并设立官营的益州交子务发行"官交子"。最初的发行限额为1 256 340贯,准备金为36万贯,并赋予官交子的法偿地位——显然,这时候的交子,已经从银行券演变成以国家信用支持的法币了——它同时也是世界史上最早的纸币。

　　颁奖词:交子务的设立,不仅使宋王朝成为最早使用纸币的国家，而且，在这个过程中，中国的经济学者对通货膨胀的控制、准备金的比例、货币调控的技术都有了深刻的认识。而这个时候，欧洲人对于纸币的运行机制还觉得不可思议，以致游历中国的马可·波罗将纸币形容为"大汗专有方士之点金术"。

附录 2
想象大宋奥运会
吴钧

让我们开动脑洞吧,来想象一下:假如一千年前就有奥运会,假如当时的宋王朝申办了奥运会,假如大观二年(1108年)的夏季奥运会就在大宋东京开封举行,那将会是一番怎样的盛况?

1. 申奥

我们完全可以想象,东京的申奥办主任非开府仪同三司高俅兼任不可,而李师师则是申奥大使的当然人选。为了成功拿下奥运会的主办权,开封府还委托画师张择端绘制了申奥大片《清明上河图》。

当《清明上河图》长卷在国际奥委会上徐徐展开时,所有的奥委会官员都睁大了眼睛,为宋朝东京的繁华而惊叹不已。

申奥大使李师师用她甜美的嗓音总结陈词:"各位委员,

此时此刻，正是亥时。如果我们肋生双翼，飞上太空，鸟瞰世界，我们将会发现，几乎所有的城市都陷入了黑暗，只有大宋东京，依然灯火通明。因为人们还在热闹的夜市逛街、购物、饮酒、娱乐，享受人生。

"这个城市常年居住着150万人口，'以其人烟浩穰，添十数万众不加多，减之不觉少'。而据我所知，伦敦、巴黎、威尼斯，欧洲最繁华的城市，人口也不过10万。尤其难得的是，在我们东京，市民最重人情高谊，但凡有外地商人刚至京城租住，人生地不熟的，邻居都会过来帮衬，送上汤茶，指引怎么做买卖。我们城市的大酒店，只要酒户来打过三两次酒，便可以将价值三五百贯的银制酒器借与人家，甚至贫下人家来酒店叫酒待客，酒店亦用银器供送。对连夜饮酒者，次日才将银器取回，从来不用担心有人侵吞珍贵的酒器。

"我家大门常打开，开放怀抱等你。东京欢迎诸位前来做客，欢迎奥运会在这个伟大的城市举行。这不仅仅是150万开封人的骄傲，也将是奥运会的骄傲！"

雷鸣般的掌声响起来，东京成功获得大观二年的夏季奥运会主办权。

2. 开幕

1108年，在大宋，为大观二年。夏，东京宣德门广场。

大宋奥运会开幕式在满天绽放的烟花中开始。

80多个国家或地区派代表队参加了东京奥运会。开幕式上,这些国家或地区的代表队鱼贯进入宣德门广场:大辽国、西夏、吐蕃、回鹘、于阗、女真部落、大理国、高句丽、倭国(日本)、占城(越南中部)、交趾(越南北部)、真腊(柬埔寨)、三屿(菲律宾群岛)、蒲里噜(马尼拉)、三佛齐(苏门答腊)、罗斛(泰国)、麻篱(巴厘岛)、阇婆(爪哇)、底勿(东帝汶)、天竺、鹏茄罗(孟加拉)、细兰(斯里兰卡)、波斯、伊禄(伊拉克)、白莲(巴林)、瓮蛮(阿曼)、大秦(叙利亚)、木俱兰(莫克兰)、麻嘉(麦加)、勿斯里(埃及)、木兰皮(摩洛哥)、吡啫耶(突尼斯)、中理(索马里)等。

各国代表队服饰各异,辽国运动员"头顶金冠,后檐尖长,如大莲叶,服装窄袍";西夏队"皆金冠,短小样制服,绯窄袍";回鹘队"皆长髯高鼻,以疋帛缠头,散披其服";于阗队"皆小金花毡笠,金丝战袍,束带";三佛齐队"皆瘦脊鞭头,绯衣,上织成佛面"……

西夏代表队由驸马虚竹率领,大理代表队由高智昌率领,大理国王段誉听说义兄虚竹与会,也千里迢迢赶来,与虚竹会面,并应邀出席了大宋奥运开幕式。

段誉与虚竹还在开幕式上即兴联袂表演了一场中华武术,让番国人大开眼界,后来他们将从宋朝欣赏来的武术称为"Kung Fu（功夫）"。东京申奥办主任高俅则献演了精湛的足球技术：但见他用头、背、腰、肩、膝、足等部位颠球，足球如同长了翅膀，又仿佛生有眼睛，跳跃飞腾，半个时辰不落地。

3. 赛事

大观二年的这次奥运会，一共有36个比赛项目，包括射箭、马术、马球、相扑、蹴鞠、捶丸（来自西洋的番国人称这为高尔夫球）、投壶、跳长绳、踢毽子、抖空竹、抢金鸡、掇石墩（举重）、水球、竞渡、龙舟争标、水秋千等。下面分设一百零八个小项：如相扑分为男子相扑与女子相扑；马球分为男子马球与女子马球；竞渡细分为男子百丈渡、女子百丈渡、男子三百丈渡、女子三百丈渡；蹴鞠分为"筑球"（对抗赛）与"白打"（花样足球）；掇石墩分"上膝""上胸""上肩"三个赛级。

金明池临时被开辟成东京奥运会的专用体育场。金明池位于开封府的顺天门外，原是太宗时开凿出来训练水师的一个军事基地。后来随着国家进入承平之期，金明池的功能也发生了转化，军事色彩渐渐淡化，成为一座水上乐园。本届奥运会的水上运动项目以及部分陆上项目，都将在这里进行。另一些陆上项目则在分会场宣德门广场、玉津园举行。

在赛前的新闻发布会上，西夏队的领队虚竹说，他们对马术、马球、射箭等项目都有夺冠的决心。来自南洋番国的运动员则对水上项目信心十足。作为东道主的大宋代表队，对掇石墩、蹴鞠、相扑、水秋千、竞渡和龙舟争标等项目都志在必得。

每一个小项目的比赛，夺取第一名的参赛队，都将获得金碗一只、锦旗一面、奖金若干。东京新闻小报发表署名为"东坡门下"的预测文章，称本次奥运会将产生一百零八只金碗，大宋代表队有望拿下三十只左右。"但我们无法预计有没有黑马出现在即将展开的赛场上。"东京新闻小报的撰稿人"东坡门下"说。

4. 射箭·马球

大观二年八月初八上午，大宋东京奥运会第一场赛事——射箭，在玉津园拉开序幕。玉津园里树起了一排排木制的箭垛子。距箭垛子百步的地面上，用朱砂粉画了一条醒目的红线。参赛的射手们，必须站在红线之外弯弓射箭。

大宋的射手"皆长脚幞头，紫绣抹额紫宽衫，黄义襕，雁翅排立"，漂亮姑娘组成的拉拉队"齐声招舞"。赛前被广泛看好的大宋选手花荣，原为清风寨副知寨，有百步穿杨的功夫，人称"小李广"。这花荣果然不负众望，首战告捷，拿下射箭项目的第一名。赛毕，大宋运动员回奥运村休息途中，"京师市井儿遮路争献口号，观者如堵"。

下午比赛马术，还是在玉津园。流行于宋代的马术，实际上是马上射箭竞技，叫"拖绣球"：前面一名骑手，用红带子拖着一个红绣球，纵马疾驰，后面几名骑手一面纵马追逐，一面弯弓射绣球。

东京新闻小报的撰稿人孟元老在比赛现场描述说："先一人空手出马，谓之'引马'；次一人磨旗出马，谓之'开道旗'；次有马上抱红绣之球，系以红锦索，掷下于地上，数骑追逐射之，左曰'仰手射'，右曰'合手射'。"

马术的冠军，最后果然由西夏的赫连铁树夺下。辽国选手获得第二名。

次日，马球比赛，上午为男子马球，下午为女子马球。玉津园的马球场上，东西两边各用木头坚起一座球门，高达丈余。比赛时，对垒两队各出二十多骑，另各有二人守球门。每射中一球，可得一分，终场以得分多者胜出。大宋队在男子马球中马失前蹄，一无所获。但在女子马球中，由崔修仪率领的马球队非常惊艳，技压群"雌"，一举拿下冠军。孟元老用他的如花妙笔描述说：大宋女子马球队，"妙龄翘楚，结束如男子，短顶头巾……艳色耀日，香风袭人……人人乘骑精熟，驰骤如神，雅态轻盈，妍姿绰约"。

5. 蹴鞠·相扑

东京奥运会赛事进入第三天,男子蹴鞠与女子蹴鞠都在宣德门广场举行。广场上早已"旋立球门,约高三丈许,杂彩结络,留门一尺许"。高俅担任技术顾问的大宋男子蹴鞠队,在"球头"苏述、孟宣的带领下,拿下"筑球"类与"白打"类的金碗。目前,被大宋队收入囊中的金碗已经有四只。同日进行的女子蹴鞠比赛,则由辽国队与大理队分别夺得"筑球"类与"白打"类的冠军。

第四天在宣德门广场举行男子相扑与女子相扑比赛。代表大宋队参赛的选手,有燕青、焦挺、周急快、董急快、赛关索、赤毛朱超、郑伯、铁稍工、韩通住、杨长脚等职业相扑手。出身于相扑世家的焦挺,顺利进入了两百斤级决赛,只三个回合,便将对手扳倒在地。毫无疑问,焦挺赢了。

燕青艰难地杀入一百五十斤级的决赛。许多人原来都对身材小巧的燕青不怎么注意,直到燕青杀入决赛,他们才大吃一惊。第二天刊印出街的东京新闻小报发表评论说,燕青才是本届奥运会最大的黑马。

东京新闻小报描述了相扑决赛的最后一场对垒——燕青对代表辽国的任原:"这个相扑,一来一往……任原性起,急转身来拿燕青,被燕青虚跃一跃,在右胁下钻过去。大汉转身终是不便,三换换得脚步乱了。燕青却抢将入去,用右手扭住任原，探左手插入任原交裆，用肩胛顶住他的胸脯，把任原直接托将起来，头重脚轻，借力便旋四五旋，旋到献台边，叫一声'下去！'把任原头在下脚在上，直撺下献台来。这一扑，名唤'鹁鸽旋'，数万的观众看了，齐声喝彩。"这段文字，后来被落魄文人施耐庵抄入了一部叫《水边山寨故事》的小说。

燕青为大宋队夺下了第六只金碗。倭国队获得第二名，从此相扑活动风靡倭国，成为倭国的国技。

6. 水上运动

赛程进入最后一日，最后一场竞技是在金明池进行的"水秋千"比赛。

此前，金明池赛场已经举行过竞渡、水球、龙舟争标等水上项目。竞渡相当于今天的自由泳竞赛，但规则略有不同：裁判将一个银瓯掷于金明池波间，一声哨响，参赛的选手"泅波取之"，第一个夺得银瓯者，为冠军，银瓯也归他。

宋朝的水球比赛，则是对垒两队在水中用手轮流抛掷气球，以距离远近定输赢。一方掷球时，另一方可以在前面拦截。大宋队在女子水球比赛中又得一金，微服观看比赛的宋徽宗非常高兴，当场赋诗一首："苑西廊畔碧沟长，修竹森森绿影凉。戏掷水球争远近，流星一点耀波光。"

宋朝的龙舟争标，是在金明池中央插一长竿，"上挂以锦彩银碗类，谓之'标竿'"。对垒的龙舟分布在标竿两侧，待锣鼓敲响，"两行舟鸣鼓并进，捷者得标"。结果得标的是高句丽队。

现在，大宋队希望在水秋千比赛中，再夺下两只金碗——男子水秋千冠军与女子水秋千冠军。水秋千，相当于今天的花样跳水。孟元老记下了大宋男子跳水队出场的精彩一刻：但见金明池上驶来一条画船，船上立有一只秋千架，船尾鼓笛相和。只见一人上前荡起秋千，越荡越高，眼见即将平架，荡秋千的运动员松开双手，在空中翻了一个筋斗，随后"掷身入水"，只激起一点点水花。岸上观众，立即发出钱塘江潮一样的欢呼声。几位评委都打出了最高分：10 分。

大宋女子跳水队的表现也相当惊艳，一位亲临现场的诗人用优美的诗句写道："秋千船立双绣旗，红衫女儿水面飞。"毫无悬念，大宋队又夺得两只金碗。

至此，大宋东京奥运会的赛程全部结束。金碗榜上，大宋队以三十一只占了榜首、大辽国以二十八只金碗的成绩居于第二名、倭国取得二十只，为第三名。余下金碗为其他二十六个国家与地区瓜分。

大观二年八月十八日，正是月圆之夜，在金明池"水百戏"节目的鼓乐声中，东京奥运会圆满闭幕。

许多年之后，追着赛程一路看下来的孟元老出版了一本回忆东京奥运会盛况的笔记,书名就叫《东京:梦一样的繁华》。

(本文关于奥运部分的情节纯属虚构,但涉及对宋代体育的介绍,均取自史料记载。)

后记

迄今为止,我讲宋朝历史的书,不知不觉间已经出版了十本,大体可以分为两个系列:一是广西师范大学出版社"新民说"出品的"吴钩说宋"系列;一是专栏文章结集"重新发现宋朝"系列,包括九州出版社出版的《重新发现宋朝》、长江文艺出版社出版的《生活在宋朝》《原来你是这样的宋朝》《原来你是这样的宋朝2》。

如今"重新发现宋朝"系列前三本书的版权已到期,市场上的存书亦不多,以致在一些网店,原来定价三四十元的旧书标价一百多元、二百多元销售。朋友们劝我将这套旧书再版。但我一直没有这个打算。因为"重新发现宋朝"系列是专栏文章结集,每一本书的内容都显得有点宽泛、分散,讲了社会、生活、政制、司法、军事、经济制度等,面面俱到,缺乏一条清晰的主线和一个集中的主题,若是原封不动地再出版一次,我觉得意义不是很大。

但是，就文章本身而言，我认为还是具有推荐阅读的价值的。在许多人的印象中，宋朝是一个令人沮丧的王朝。宋史学家张邦炜先生曾经感慨说："以前人们常说：宋朝的历史太窝囊""从前人们往往一提到汉朝、唐朝，就褒就捧：盛世治世；一讲到宋代，就贬就抑：积贫积弱。"

历史作家张宏杰先生甚至宣称："宋代以前的中国人可以说是一个伟大的民族。她创造着，体验着，发现着，说自己想说，想自己所想，生机勃勃，生趣盎然。及至宋代，中国人不但失去了创造力，也失去了感受力。"

这当然是基于想象（而不是基于史实）的偏见。我这些年发表的关于宋朝的文章，就是向这种根深蒂固的偏见提出挑战，希望今人能够告别全盘反传统的偏见，以温情与敬意回看自己的历史与传统，最小的愿望是给读者提供一个重新发现宋朝的观察窗口。

因此，我决定将版权到期的"重新发现宋朝"系列文章重新整理一下，去芜存菁，精选出十几篇，再增补十几篇尚未出版过的新作，组成一本书的规模，结集出版。为避免内容过于宽泛、分散，新书将主旨放在"活色生香的宋朝生活"上，所选文章讲的都是宋朝人的寻常生活。至于讲政制、司法、军事、经济制度的比较"硬"的文章，一概没有收入。

通过本书，您将会真切地看到宋朝人如何过年过节、如何过小日子、如何吃喝玩乐、如何谈情说爱、如何购物做买卖，进而可以构想出一个生动活泼的宋人形象。

希望你喜欢！